Plattenbau gefühle

Förderkreis
Literatur e.V.

Printausgabe, erschienen 2024
4. Auflage
ehemals erschienen im Größenwahn Verlag (1. / 2. / 3. Auflage)

ISBN: 978-3-95949-632-2

www.main-verlag.de
www.facebook.com/MAIN.Verlag
order@main-verlag.de

Text © Jannis Plastargias

Umschlaggestaltung: © Dream Design – Cover and Art
Umschlagmotiv: © elements.envato LZEBB8S / SJ92KUK / B33PVAD / 7N6R2GY /
PR8E9HU
Kapitelbild / Trenner: © shutterstock 1313491349

Druck: AKT AG, FL-9497 Triesenberg (AgenTisk Huter d.o.o)

Bibliografische Information der Deutschen Nationalbibliothek:
Die Deutsche Nationalbibliothek verzeichnet diese Publikation in der Deutschen
Nationalbibliografie; detaillierte bibliografische Daten sind im Internet über
http://dnb.d-nb.de abrufbar.

**Die Handlung, die handelnden Personen, Orte und Begebenheiten dieses Buchs
sind frei erfunden.
Jede Ähnlichkeit mit toten oder lebenden Personen oder Persönlichkeiten
des öffentlichen Lebens, ebenso wie ihre Handlungen sind rein fiktiv, nicht
beabsichtigt und wären rein zufällig.**

JANNIS PLASTARGIAS

Plattenbau gefühle

Das Buch

Ein Umzug von Berlin ausgerechnet nach Südhessen reißt Jonas aus seinem behüteten alten Leben. In der urbanen Trabantenstadt von Darmstadt-Kranichstein leben 36 Nationalitäten mehr oder minder friedlich miteinander in riesigen Häuserkomplexen. Jonas wird von seinem neuen Umfeld freundlich aufgenommen und erlebt seine erste große Liebe – zu Afyon, einem türkischen Mitschüler.

Während es für die meisten seiner Altersgenossen in Ordnung ist, dass Jonas sich als schwul outet, ist es für Afyons Familie und Freunde undenkbar und eine Sünde, dass »ein echter Muslim« auf Männer stehen könnte. Die daraus für Afyon resultierenden Probleme lassen Jonas' Familie und Freunde einen kühnen Entschluss fassen …

Ein Own-Voice-Roman über interkulturelle Beziehungen und das Finden seiner eigenen sexuellen Identität.

Der Autor

Jannis Plastargias, in Kehl am Rhein geboren, lebt seit fast 25 Jahren in Frankfurt. Er arbeitet als Sozialarbeiter, Autor und Veranstalter. Seit 2011 verfasst er regelmäßig Kurzgeschichten, Romane und Artikel in Fachbüchern. In seinen meisten Werken beschäftigt er sich mit Fragen zum Thema Identität, Integration, Coming-out und Coming of Age im Allgemeinen.

Heute ... Ich

I n Berlin ist bereits der Herbst angekommen. Als ich aus dem Haus trete, bin ich froh, dass ich meine Jacke angezogen habe. Ich laufe automatisch nach links, wie ich es schon tausendmal getan habe, ein Stück die Eisenacher Straße hoch, eine gute Gegend mit schicken renovierten Häusern.

»Jonas!« Plötzlich höre ich jemanden meinen Namen rufen. Ich schaue mich um, entdecke einen türkisch aussehenden jungen Mann, er ist hübsch und erinnert mich an ... an Afyon, irgendwie. Die gleichen vollen dunklen Haare, mittellang, die gleichen mädchenhaften Wimpern, seine Statur ist etwas anders, er ist nicht so schmächtig, eher muskulös, durchtrainiert.

»Jonas!« Er ruft noch einmal und ich denke mir, dass ich ihn sicherlich nicht kenne. Mich überkommt eine große Angst – oh Mann, jetzt folgt die Rache, dass ich den guten Sohn Afyon ›verführt‹ habe – die Familienehre muss wieder hergestellt werden. Scheiße! Ich renne schnell los, in die Motzstraße hinein, der Typ hinter mir her. Ich weiß jetzt, was das Flight-and-Fight-Syndrom ist, ich sprinte wie Usain Bolt davon, während der Kerl hinter mir her ruft: »Jonas, ich möchte nur mit dir reden! Ich mache dir nichts!«

Den Nollendorfplatz kann ich schon sehen, überlege mir, in den nächstbesten Bus zu springen; doch – wie soll ich da weiter vor ihm fliehen, ich kann ja nicht aussteigen. Scheiße! Was mache ich nur? Er bleibt mir auf den Fersen. In der Kurfürstenstraße überlege ich, ob ich nicht einfach bei einem der Passanten stehen bleiben soll – die werden mir doch helfen, ich kann doch nicht mitten in Schöneberg verschleppt werden. Warum renne ich? Warum sehe ich keinen Polizisten? Warum keinen Bekannten?

Meine Gedanken verheddern sich, meine Beine ebenso, ich schaue nach hinten, ich stolpere über eine Hundeleine, mein Körper verliert jegliche Kontrolle, ich stürze auf den Gehweg, neben mir bellt aufgeregt ein Hund.

Eine orientalisch aussehende Frau lächelt mich an, fragt, ob alles in Ordnung sei und hilft mir beim Aufstehen. Ich schaue wieder nach hinten, sehe den Verfolger nicht mehr, möchte mich freuen, doch er steht genau vor mir und hält mich am Arm fest.

»Es ist alles gut!«, sagt er zu der Frau, zwinkert mir zu, »vielen Dank, habe die Ehre … meinem kleinen Bruder geht es schon wieder gut«, meint er und zeigt auf mich, die Frau starrt uns an, zieht ihren Hund mit sich, ich schaue sie verängstigt an, dann ihn, der Hund bellt uns alle an. Bruder? Ich sehe mit meinen blonden langen Haaren und den blauen Augen alles andere als orientalisch aus. Er führt mich ab, wie es Polizisten tun, hat mich sehr fest im Griff, ich fürchte mich, weiß nicht, was das werden soll.

»Ich will nur mit dir reden!«, flüstert er mir zu und zieht mich um die Ecke. »Hab keine Angst!«, sagt er, ich laufe mit ihm, schaue ihn misstrauisch an, »wir sind gleich da«, wir biegen in die Lützowstraße, er zeigt auf ein Haus. Ich lasse mich von ihm lenken, ab und zu zucke ich mit den Schultern, jegliche Versuche, mich loszureißen, verhindert er mit seinen starken Armen, ich fühle mich schwach. »Ich will nur mit dir reden«, wiederholt er, wir schreiten in das Treppenhaus hinein, »du brauchst keine Angst zu haben«, wir gehen in eine Wohnung hinein, ich bin nassgeschwitzt.

»Ich hab' ihn!«, ruft mein Verfolger im Flur, führt mich ins Wohnzimmer, aus dem ein junger hübscher Mann auf uns zukommt, er ist blond, Surfer-Typ, mit einem grünen Schal, violettem Pulli, engen gelben Hosen und grünen Chucks angezogen. Sieht echt schwul aus, auf jeden Fall gut, und das beruhigt mich ein wenig. Ich schaue mich um. Wo sind die türkischen Brüder versteckt, die man aus dem Klischee kennt?

»Er ist ein bisschen störrisch …«, sagt mein Entführer zu dem blonden Typen, »vielleicht taut er ja bei dir auf!« und lässt endlich meinen Arm los. Die Stelle brennt.

Der andere kommt näher. »Ich bin David, der Freund von Erol«, begrüßt er mich mit Handschlag. Zögerlich reiche ich ihm meine Hand und schaue mir ›Erol‹ an, so heißt offensichtlich mein Entführer, »kann ich dir etwas anbieten? Ein Wasser? Eine Cola?«, fragt der blonde David und bedeutet mir auf der stylischen Couch Platz zu nehmen.

In mir überschlägt sich alles. Erol heißt der Typ also, David ist sein Freund – wie, sein Freund? Eine Cola trinken? Warum so nett? Spielen sie good Cop, bad Cop? Was ist hier los? Wie geht das weiter? Bin ich entführt worden oder nicht?

»Cola ...«, antworte ich verwirrt und setze mich vorsichtig auf die Couch.

»Tut mir leid, Jonas, ich wollte nicht grob werden ...«, spricht mich der dunkelhaarige Typ an, »es ist mir einfach verdammt wichtig, mit dir zu reden ... aber du bist ja gleich weggerannt!« Er nimmt mir gegenüber Platz, der Blonde bringt mir ein Glas Cola, »bitteschön«, sagt er lächelnd, stellt das Getränk vor mich auf den Tisch und setzt sich neben den anderen.

»Ich hatte Angst, ich habe Angst, was glaubst du denn?«, erwidere ich. Ich zittere am ganzen Leib, obwohl beide keine bösartige Atmosphäre verbreiten. Ich schaue sie an, schaue mich um, alles so stylisch, alles so gemütlich – wo bin ich hier? Sie schauen mich an.

»Es geht um Afyon!«, sagt Erol.

Ich wusste es. Es geht um Rache! Was wird nun geschehen?

»Bitte hör mir zu, bevor du etwas sagst«, meint der Schwarzhaarige, »ich muss etwas weiter ausholen, damit du verstehst ... warum ich mit dir reden möchte und warum es zwischen dir und Afyon so gelaufen ist ...«

Vor 70 Tagen und Nächten
... Traumhaft

Ich renne. Ich bin an einem Strand, es ist Ebbe, der Himmel ist tauben-grau und wolkenbehangen, der Wind weht mich fast davon. Ich renne wie um mein Leben, mein weißer Schal flattert wild. Ich bin nicht allein: Vor mir läuft ein Junge, er trägt Adidas-Fußballschuhe, schwarze Stutzen, eine weiße Trikothose und ein weiß-schwarzes Trikothemd. Er hat mittellange dunkle Haare, ist etwa so groß wie ich und ähnlich schmächtig gebaut, 1,80 groß. Wieso verfolge ich ihn? Wieso läuft er vor mir weg? Er ist zu schnell, um den Vorsprung aufholen zu können. Plötzlich merke ich, dass das Wasser der einsetzenden Flut näher kommt und er bereits bis zu den Knien darin steht. Ohne viel zu überlegen, reißt er sich die Kleider vom Leib und stürzt sich ins kalte Wasser – nackt. Etwas zwingt mich ihn zu verfolgen. Ich ziehe mich aus und schwimme ihm hinterher. Er krault so schnell wie er gerannt ist. Plötz-lich reißt ihn eine Welle mit sich und ich sehe ihn nicht mehr. Wie in einer filmischen Abblende, zuerst verschwimmt das Bild, dann wird es dunkel.

In der nächsten Szene sehe ich mich in einem riesengroßen Bett liegen, immer noch an diesem Strand. Das Bett steht im Watt. Nicht nur mich selbst, sondern auch viele andere Menschen sehe ich darin liegen. Menschen, die ich nicht kenne. Männer. Der Junge liegt neben mir, seine Augen dunkel und geheimnisvoll, seine Wimpern lang. Er scheint der von vorhin zu sein. Ich freue mich unwillkürlich. Er schaut mich an und sagt: »Da bin ich!« Und er hebt im nächsten Moment leicht die Decke, so dass ich erkennen kann, dass er nackt ist, so, wie er ins Wasser gesprungen war. Ich wundere mich und zeige ihm, dass ich ebenso nackt bin unter der Decke. Er lacht.

»Joooooooonas, steh jetzt auf! Du willst doch nicht gleich am ersten Tag zu spät kommen!«

Ich erwache und fühle mich völlig verstört. Was habe ich da geträumt? Nach einer größtenteils schlaflosen Nacht, in der ich mir bildreich ausmalte, was mir alles am ersten Schultag passieren und wem ich begegnen könnte, fühle ich mich nun benebelt. Ich hatte mir so viele Gedanken darüber gemacht, wie ich von meinen neuen Mitschülern aufgenommen werden könnte. Und ob da welche dabei wären, mit denen ich befreundet sein könnte.

»Jetzt komm mal in die Puschen! Du weißt genau, dass ich los muss!«, sagt meine Mutter in energischem Ton.

»Mmhmpf!« Ich bin so müde und ziehe die Decke über meinen und Wuffis Kopf. Mein Stoffhund Wuffi ist mein ältester Freund, sogar älter als Fabian, den ich im Kindergarten kennengelernt habe.

»Schatz, hast du etwas gesagt?«

Ich möchte nicht aufstehen!

»Joonas!«, kreischt sie – wie kann sie nur frühmorgens schon so laut schreien?

»Jawohl, ich stehe ja gleich auf!«

»Du glaubst doch nicht, dass ich gehe, ohne dir am ersten Schultag ein Küsschen zu geben?!«

Oh nein … da ist sie schon hereingekommen und liegt fast auf mir, sie macht das arme Wuffi-Tier platt, das sie mir vor dreizehn Jahren geschenkt hat. Damals war ich zwei Jahre alt.

»Mama!«, versuche ich zu schreien, es wird aber nur ein Krächzen, denn meine Stimme ist noch nicht wach geworden.

»Also, Schatz, viel Glück heute!«

Das werde ich brauchen in der neuen Schule.

»Beeil dich, Jonas! Wir sehen uns heute Abend!« Sie schlägt dynamisch die Haustür hinter sich zu. Meine Mama ist eine verrückte, esoterische Trulla: In ihr verkörpern sich die Super-Karrierefrau und ein aus der Zeit gefallener Hippie.

Jetzt bin ich allein.

Allein in Kranichstein. Habe keinen Bock drauf! Wie konnten mir meine Eltern das antun? Dieses Drecksloch! Es macht mich wütend! Tausendmal hat mein Vater auf mich eingeredet: neue Arbeitsstelle und neue Herausforderung, mehr Geld und mehr Verantwortung, eine Supersache! Ja – für ihn! Als ich noch in Berlin lebte recherchierte ich im SchülerVZ, wo man in DA chillt. Jedes Mal, wenn ich Kranichstein erwähnte oder meine neue Schule, die Erich-Kästner-Schule – die EKS – wurde ich ausgelacht, man erzählte mir Schauergeschichten von Kanacken, Gangstas, HipHop und ich sah mir dämliche Youtube-Videos an, in denen Jungs irgendwelche dummen Verse rappten und sich dabei ›cool‹ bewegten. Was eine Scheiß-Idee, nach Kranichstein zu ziehen!

Als ich gestern eine Runde drehte, war mir ganz mulmig zumute geworden. In der Nähe der EKS gibt es viele Plattenbauten. Dort wohnen ›Kopftücher‹ und ›Gangsta‹. Und – da passierte es: Drei Jungs standen an einem Hauseingang beisammen – sahen alle sehr fies aus mit ihren dunklen Käppis, fast bis über die Augen gezogen, mit ihren Bomberjacken und Baggy-Jeans. Sie stritten miteinander. Ich konnte nicht hören, worum es genau ging, es fielen Namen, Fatma, Dilara – und irgendwas mit einem ›Afyon‹. »Ey, du Schwuchtel, mach das nicht noch mal!«, haute der Wortführer auf den Schmächtigsten ein – ich sah nur seinen Rücken und seine mittellangen dunklen Haare – der dritte Junge stand tatenlos und lachend daneben. »Hau ab, Afyon!«, schrie jemand. Ich beeilte mich wegzukommen. Ob es hier immer so abgeht?

Mein neues Zimmer. Größer als in Berlin-Schöneberg, schöner sogar; trotzdem würde ich es gerne sofort wieder eintauschen. Meine Eltern haben den Umzug alleine bewältigt, mich haben sie bei Omama gelassen. Meine Oma hat sich für mich wie eine Mutter angefühlt, mehr als meine echte Mama, deswegen ›Omama‹. Seitdem ich zur Schule ging, habe ich die meiste Zeit mit ihr verbracht, nicht mit Mama, und mit Vater erst recht nicht. Den sah ich so gut wie nie, höchstens am Wochenende, wenn er seinen Kopf hinter der Zeitung hervorhob, um mir etwas Wichtiges mitzuteilen: »Streng dich in der Schule mehr an, damit aus dir etwas wird!« Als Geschäftsführer eines internationalen Logistik-Unternehmens musste er schwer schuften, viel Verantwortung übernehmen. Ob sich das in Kranichstein ändert? »Am Anfang muss ich mehr arbeiten …«, sagte er, »mich einfinden, Strukturen schaffen.« Doch dann würde er bei mehr Gehalt als früher auch mehr Zeit haben, mehr Zeit für uns und für sich. Ich hasse das Wort ›mehr‹, besonders wenn es in Papas Mund hin und her tanzt.

Outfit? Zumindest werde ich keine Baggy-Jeans und Bomberjacke tragen, aber was ziehe ich an? Eines meiner verratzten Outfits? Werden die anderen sich lustig über mich machen? Weiße Chucks? Ich schaue mich im überdimensional erscheinenden Spiegel an – schmächtig zwar, aber mit Ansatz zum Durchtrainiertsein, früher habe ich viel gejoggt und Kampfsport gemacht. Ich gehe ins Bad, bearbeite mit Wachs diese widerspenstigen Haare, schaue unter meine stahlblauen Augen, wo sich große Augenringe befinden. Dafür habe ich ein geheimes Gegenmittel, eine Augencreme mit Frische-Effekt, verspricht der Hersteller. Während ich in mein Zimmer hinübergehe, denke ich an diesen krassen Traum zurück. Ein bisschen wie in meinem Lieblingsfilm ›Vergissmeinnicht‹: Kate Winslet und Jim Carrey liegen auch plötzlich am Meer, allerdings … sind sie ein verliebtes Pärchen.

Was ziehe ich an? Weiße Chucks, zerrissene Jeans, enges violettes Shirt mit V-Ausschnitt, weißer Schal – ob mein Outfit okay ist? Alle vorher probierten Outfits liegen auf meinem neuen, größeren Bett ausgebreitet – zum ersten Mal ein Doppelbett, kein schmales Kinderbett mehr. Ich mag das Holz: Walnuss, ganz schön edel. Und diese Wände, die Mama in einem Pfefferminz-Ton gestrichen hat, gefallen mir. Tatsächlich, heute gefällt mir sogar etwas. Was damit zu tun hat, dass sich meine Mutter wirklich Mühe mit dem Zimmer gegeben hat. Sie hat nicht einfach alles dahingerotzt. Sie hat sich Zeit genommen. In Berlin habe ich sie beim Abendessen und vor dem Schlafengehen gesehen. Immer viel zu kurz auf jeden Fall. Als Beraterin im Pharmabereich war sie meistens unterwegs.

Mein Style? Ist ganz okay – glaube ich. Blond und blauäugig werde ich sicher auffallen. Ich sehe ein bisschen wie ein Skaterboy im Film ›Paranoid Park‹ aus, in dem der Hauptdarsteller in arge Schwierigkeiten gerät, als er das erste Mal Bahnsurfen ausprobiert. Wieso denke ich an ihn? Heute finde ich mich selbst merkwürdig: Wieso denke ich ausgerechnet an diesen Film? Und warum hatte ich diesen seltsamen Traum? Ich schnappe mir die neue Umhängetasche, »von ›zwei‹, einer Marke aus Darmstadt«, meinte meine Mutter. Die Tasche ist in einem knalligen Grün, wie ein kleiner Giftfrosch. Meine Mutter macht so etwas gerne: mir Taschen kaufen und sie mit Plunder bestücken, den ich vermutlich niemals brauchen werde, so wie diesen teuren schicken Füller, den ich gerade aus der Tasche krame. Das letzte Mal habe ich in der Grundschule mit einem Füller geschrieben! Aber sie scheint das zu brauchen, wenn sie sich schon nicht anderweitig um mich kümmert – glaubt sie mir damit Geborgenheit zu schenken? Es ist merkwürdig, einerseits macht sie immer auf ›Freundschaft, Aufmerksamkeit, Wärme ist alles – Liebe überall, das ist das Wichtigste auf der Welt‹, und andererseits sind ihr materielle Werte genauso wichtig wie meinem Vater. Anders meine Omama, die mich gelehrt hat, Menschen wichtiger zu nehmen als Gegenstände. Ich schwanke immer zwischen diesen Einstellungen. Mir sind schöne Klamotten wichtig, ich wollte gerne einen großen Fernseher haben und nun? Lieber keinen tollen neuen Flatscreen-Fernseher, dafür hätte ich gerne meinen Freund Fabian zurück. Ob ich das alles ohne Omama schaffe?

Frühstücken? Nein, ich hole mir etwas in der Schule. Durch das offene Fenster dringt ein laues Lüftchen, die Sonne scheint auch schon, trotzdem wickle ich meinen weißen Schal locker um meinen Hals. Der Schal passt gut zu meinem Outfit. Es ist der gleiche Schal wie aus meinem merkwürdigen Traum.

Aus unserer Haustüre heraus trete ich ins ›K6‹ – »Sie haben in diesem Stadtteil Planquadrate«, hatte mir Mama gleich als erstes erklärt. Aber wirklich ›nice‹ ist das nicht hier, obwohl wir ein großes Haus nur für uns haben – eines von siebzehn gleichgebauten roten Backsteinhäusern. Ich laufe an den anderen Häusern vorbei, die etwas ›ökmök‹ sind, wie Fabian und ich solche Leute und Dinge nennen, die ganz alternativ und Ich-bin-Grünen-Wähler-mäßig aussehen. Ökmök – ein bisschen wie meine Mutter, muss ich schmunzeln – aber bei ihr ist es etwas cooler, finde ich.

Ich laufe an einem großen weißen Haus vorbei, in dem sich eine griechische Gaststätte namens ›Olympia‹ befindet. Dann Plattenbauten rechts und links. Potthässliche Gardinen überall, in ätzenden Farben, auf den Parkplätzen schrottreife Karren, dazwischen fette Daimler. Irgendwie erinnert mich das an den Film ›Schwarze Katze, weißer Kater‹ von Emir Kusturica, in dem es um Zigeuner geht, die fette Goldzähne haben und solche Autos fahren.

Ich schalte meinen iPod ein, der weiß wie mein Schal ist. Ein bisschen Fleet Foxes, New Hippie-Musik, die mir gute Laune macht, ›handgemachte Musik‹, möglichst ohne Elektronik und mit zartem Gesang. Die ziehen sich so an wie die Musiker und Künstler in den sechziger Jahren, singen von der Natur und zurück zu den Wurzeln, von den wahren Werten. In einem Video sieht man sie in einem Schuppen, mit vielen Tieren, alle Bandmitglieder tragen Bärte und karierte Hemden. Dabei fällt mir ein, dass ich mein Handy nicht dabei habe. Aber wozu sollte ich es brauchen? Fabian rufe ich erst heute Abend an.

Dort kommt schon das dämliche kleine öde Einkaufszentrum – links von ihm über die Straße ist so ein weißes einstöckiges Haus. Scheint ein Jugendzentrum zu sein. Super! Vor mir laufen kleine Kopftuch-Mädels. In meiner Klasse war eher die Blauaugen-Fraktion vertreten.

Wow! Die Schule sieht gar nicht übel aus. Alles verglast, sehr ›stylish‹. Einen Kiosk gibt es auch. Soll ich an ihm vorbei und dann nach oben? Oder rechts herum? Ich gehe rechts die Treppe hinauf. Was kommt nach der Treppe? Ich laufe weiter. Kunstraum. Super! Und weiter? Oh, die Schulbibliothek. Und die Stadtteilbibliothek. Na ja, an Büchermangel werde ich nicht leiden. Muss ich mir gleich nachher einen Ausweis machen lassen.

Jeder Jahrgang hat seinen eigenen Trakt. Nur die 9er und 10er nicht. Die sind zusammen. Auch hier ist alles neu und noch ganz edel. Ich schaue mich um und sehe das Schild für die 10 b.

»Was willste hier, Alda?« Ein Junge mit Jogginghosen und weißen Nerd-Lacoste-Schuhen rempelt mich an.

»In den Klassenraum gehen?«

»Scheiß auf das Klugscheißern, du Spast! Was machste hier an der EKS?«, sagt er, leicht aggro.

»Hör mal, ich gehe jetzt in die 10 b.«

»Woher biste, Spast?« Er spuckt das fast aus.

Was heißt denn eigentlich ›Spast‹? Was soll das Verhör? Dabei sieht er ganz nett aus. Er ist groß, 1,85 vielleicht, arabische Herkunft, braun gebrannt, Sportler-Typ, wahrscheinlich Fußballer.

»Ich komme aus Berlin!«

»Oh, einer aus der Großstadt! Bist du Hertha BSC-Fan?«, fragt er in einem Ton, den ich nicht so recht einordnen kann – Interesse? Neugier? Respekt?

»Hm, nee, Fußball ist nicht so mein Ding!«

»Waas?«

Dieser ›Mohammed‹ – ›Mohammed‹ haben Fabian und ich alle Nordafrikaner genannt, gar nicht böse gemeint, nur als Typbezeichnung – schubst mich einfach weg. Schon das erste Fettnäpfchen. Merken: Immer sagen, dass Fußball das Größte ist! Aber ist es nun etwas Gutes, ein Hertha-Fan zu sein? Wie heißt der Verein in Kranichstein oder in Darmstadt? – »Kranichstein ist ein großer Stadtteil Darmstadts an dessen Peripherie«, wie mein Vater das ausdrückt – ich hasse Fußball. Ich gehe lieber ins Klassenzimmer und suche mir einen Platz.

»Ey, da ist besetzt!«, ruft ein anderer ›Mohammed‹, ein zu klein geratener Bursche mit Kurzhaarfrisur und Brille.

»Von wem?«

»Geht dich nichts an! Der Platz ist besetzt!«, sagt er entschieden. Ich finde ihn ätzend.

Ich suche einen anderen Platz. Aber auch hier ein Widerspruch.

»Hör mal, Kleiner, da sitzt niemand! Da liegt keine Tasche, keine Klamotten. Also gehört der Platz mir!«, entgegne ich ihm diesmal entschlossen.

So schnell kann ich gar nicht kucken, da liegt der Kurze auf mir, während der erste ›Mohammed‹ lacht! Der Spinner drischt auf mich ein, ich wehre mich so gut ich kann, er liegt bald am Boden, unter mir, spürt meine Faust auf seiner Nase. Sie blutet! ›Mohammed‹ und andere Jungen reißen mich von ihm weg – tut mir leid, kleiner Arab, ich habe früher immer gerne Jean-Claude van Damme-Filme geschaut und trainiere seit Jahren Judo – während er von einem Mädchen hochgezogen wird.

»Alda, ich schwör, das wirst du bereuen!«, schreit er. Als wäre ich Jimmy Blue im Film ›Sommer‹, der an seinem ersten Tag an einer neuen Schule von der Gang mit den angesehensten Jungs an der Schule verprügelt wird. Er kämpft darum, respektiert zu werden, um das schönste Mädchen für sich zu gewinnen, das mit dem Anführer der Gang zusammen ist. Wird es mir ähnlich ergehen? Ich gewinne den Kampf – und damit an Respekt? Ich richte meine Klamotten zurecht, soweit das geht und setze mich auf den erkämpften Platz. Ein Junge kommt lachend auf mich zu, 1,80 groß, mit großer Nase, dunklen Haaren und einer Frisur, wie man sie in Berlin vor zwei Jahren trug, hinten ein Muster einrasiert, ein Playboyhase.

»Hi, du Tier!«

Meint er das jetzt ernst? Wie soll ich das verstehen?

»Hallo!«

»Wie heißt du?«

»Jonas. Und du?«

»Baddääung!«

Ist das sein Name? Ich bin verwirrt. Was sind das für Leute an dieser Schule? Ich drehe hier durch! Was war das für ein Geräusch, dieses Baddäung?! Der Typ lächelt mich an, aber ganz schleimig.

»Ich heiße Shad M. Bin Sänger! Mich kennt jeder in Darmstadt!« Er klingt dabei, wie diese Gangstas aus Talkshows, Berlin36 oder Frankfurt-Sossenheim-65936 – sie rappen und sind angeblich der King des Stadtteils.

Oh je! Ich verkneife mir das Lachen, da ich nicht schon wieder Ärger haben möchte, während ich hinter dieser Witzfigur eine aufgeregte Lehrerin auf mich zurennen sehe, die mich entschieden fragt, ob ich Anas verprügelt habe. Ich versuche mich zu verteidigen und ihr zu erklären, dass es Notwehr gewesen sei.

Die Lehrerin schaut mich verwirrt an, sagt mir, dass sie den Vorfall meiner Klassenlehrerin berichten werde und läuft in großen Schritten davon. Ganz schön drahtig, die kleine Frau. Die restlichen Schüler kommen herein, doch keiner von den Leuten hier hat meinen Style. Ich setze mich auf meinen Platz. Der Stuhl neben mir bleibt frei. Nur Shad M. erweckt den Anschein, sich für mich näher zu interessieren. »Guter Kampf«, sagt er und blinzelt mir zu.

»Ich habe da von einem Vorfall gehört ...« – die Lehrerin ist eingetreten, sieht etwas wirrköpfig aus, »gleich am ersten Schultag! Ich werte das als letzte Aktion der Sommerferien. Ab jetzt seid ihr in der Schule angekommen und benehmt euch gefälligst. Sonst werde ich die Streithähne allesamt ins Sekretariat setzen. Okay?« Sie hat nicht wirklich Lust, auf die Episode mit dem Kleinen einzugehen. Wir nicken alle genervt.

Frau Wächter – ihr Name steht nun an der Tafel, sie hat eine Zottelfrisur. Sie schreit ihn an: »Wenn du weiter solche Baddäung-Geräusche machst, Shad, schwöre ich dir, dass du dieses Schuljahr auch nicht besser abschneidest als letztes. Dann hast du völlig umsonst wiederholt!«

Boah, das war streng! Ich höre ihn nur vor sich hinflüstern: »Du Votze, ich schwör, das wirst du noch bereuen, dreckige Hure!«

Oh mein Gott, wo bin ich hier nur gelandet – das hätten wir uns in Berlin nicht einmal zu flüstern gewagt.

Was sind das nur für Idioten in dieser Klasse! Vor allem, nachdem sich Shad M., der nicht weit entfernt von mir sitzt, entschließt, den Unterricht mit weiteren seltsamen Geräuschen zu torpedieren. Dauernd macht er ›Badääung!‹ und ›Jieeha!‹ Das nervt! Ich denke an meine alte Schule, vor den Sommerferien, als ich noch auf ein Gymnasium in Berlin ging. Die Leute dort waren nicht solche ›Hustler‹ und ›Bunnies‹, die konnten perfektes Deutsch reden.

»Manchmal passieren die aufregendsten Dinge an den ödesten Orten«, hatte mich meine Mutter bei meiner Ankunft im krass öden Kranichstein versucht aufzubauen. Ich kann das in diesem Moment nicht glauben – später, viel später, werde ich eines Besseren belehrt werden. Dass dies der Anfang eines neuen, ganz anderen Lebens für mich sein wird, eines aufregenderen Lebens sogar.

Aufregend? Da sitzen elf Jungs außer mir, sieben davon sind keine Deutschen, zwei könnten Aussiedler sein. Da sind zwölf Mädchen in meiner Klasse, acht fremdländisch, zwei vermutlich Aussiedlerinnen, die letzten zwei wahrscheinlich Deutsche, aber nicht ganz sicher. Die meisten dieser Menschen sehen wie absolute ›Spacken‹ aus, mit billigen Klamotten, teilweise nicht gerade sportlich gebaut, eher die Minderheit. Und der Rest ist eindeutig Proll-Style ›orientalitschi‹ – eine Bezeichnung von Fabian und mir für arabisch oder türkisch aussehende Leute. Die Mädchen meist, hm, ›tussig‹ – was noch sehr neutral ist – wenige davon mit Kopftuch. Die Jungs mit Sporthosen oder Baggy-Jeans, weiten T-Shirts mit hässlichem Aufdruck, gerne mal silbern oder golden, oder mit engen T-Shirts, die auch gerippt sein können. Niemand sieht wirklich stylisch aus, die Frisuren für'n Arsch, die obligatorischen Trend-Frisuren für die Proll-Jungs und Mädels von heute. Alle bis auf Shad M. sehen so aus, als hätten sie überhaupt keinen Bock auf mich. Kein Interesse, den Neuen kennenzulernen. Der eine oder die andere sieht schon ganz nett aus, sympathisch. Vielleicht wäre es ganz schön, mal mit ihnen zu reden. Zum Beispiel mit ›Mohammed‹, der nicht Mohammed heißt. Auch sein Nachbar, der die ganze Zeit lächelt und lustige Einwürfe macht, die gar nicht mal so unintelligent sind. Wahrscheinlich denken sie über mich ebenfalls nichts Gutes, als einzigen Blauäugigen unter lauter Dunkeläugigen.

»Tut mir Leid, Frau Wächter!«

Plötzlich steht ein junger Mann im Klassenzimmer. Er geht zielsicher auf den Platz neben mir zu, der noch als einziger frei ist. Völlig verratzt; zugedröhnt vermutlich.

16

»Ich habe verschlafen, hatte eine Reifenpanne und die Tram hatte Verspätung!«, entschuldigt er sich beim Wirrkopf und setzt sich neben mich.

Sie schaut ihn irritiert an – das war großes Kino, ich muss mir das Lachen verkneifen – die Mitschüler quittieren diese Entschuldigung mit lauten ›Baddäungs‹, ›Jieehas‹ und Sprüchen:

»Ey, Danny, du Held! Du hast no Fahrrad.«

»Der Tramfahrer nimmt dich net mit.«

»Du hast zu viele Läuse.«

Die Idioten können nicht mehr aufhören sich lustig zu machen.

»Ich heiße Danny«, er schaut mich selbstsicher an, flüstert mir zu:
»… und gehöre nicht zu diesen Versagern« und blickt auf die Mitschüler.

Er hat eine Kippe hinter das Ohr gesteckt, er erinnert mich an jemanden.

»Angenehm, Jonas!«, antworte ich – habe ein wohliges Gefühl, wie wenn ich eine Wärmflasche auf meinen Bauch täte und wundere mich darüber, dass er mich ein paar Sekunden intensiv anschaut.

»Sorry, aber wieso hast du so ein tuntiges T-Shirt an?«

Ich bin entsetzt. Der hat sie doch nicht mehr alle! In Berlin tragen alle Jungs violette T-Shirts.

»Und der weiße Schal. Süß! Hat dich noch keiner deswegen verprügelt?«
Er zieht dabei seine Augenbrauen hoch und lächelt so scheißironisch.

Boah! Der kriegt gleich eine auf sein freches Maul!

»Ey, jetzt halt mal die Luft an, Danny!«

»Jonas, hör zu, was Frau Wächter zu sagen hat!«, sagt er spöttisch.

Oh danke, jetzt möchte er mich noch bevormunden, und dabei grinst er schelmisch. Ich schaue ihn genervt an. Er grinst noch breiter und ich denke wehmütig an Fabian, frage mich, wie es ihm wohl gerade geht, was er so treibt. Wieso vermisse ich ihn so? Oh Mann, wie bin ich nur hier gelandet?

In Kranichstein. Hier wohnen fast nur Leute, die sogenannten ›Migrationshintergrund‹ haben, hatte mir meine Omama in Berlin erklärt. Dort war ich auf einem Gymnasium, aber da Hessen G8 hat, wollte mich meine Mutter lieber auf eine integrierte Gesamtschule schicken – die angeblich lockerste Schulform. In meiner alten Schule gab es auch Mitschüler, die Ausländer waren, aber sie waren nicht so drauf wie die hier. Es gab mehr Leute, die anders aussahen, nicht so wie die hier, deren Outfits ein bisschen wie aus diesen amerikanischen Sitcoms gestohlen wirken.

»Wo bist du in Gedanken, Tschounz?« Danny stupst mich an.

»Ich heiße nicht Tschounz!«, sage ich wütend.

»Ich weiß. Aber sie werden dich so nennen!« Er zeigt auf die anderen. Ich schaue ihn verwirrt an.

»Wieso in Gottes Namen?«, werde ich lauter.

»Weil das ihr gottverdammter Lieblingskosename ist«, äfft er mich nach. »Und wenn du dann auch noch Jonas heißt! Das passt!«

»Ich poliere denen die Fresse!«

Danny lacht.

»Jedem einzelnen? Dann hast du viel zu tun!«

»Tschounz! Hast du ein iPod dabei?«, ruft Shad M. von hinten. »Tschounz, kannst du mir dein iPod ausleihen?«

Danny sieht mich lachend und selbstbewusst an. Ich drehe gleich durch vor Ärger.

»Ey, Tschounz, mir ist langweilig!« Shad M. gibt nicht auf.

»Nein!«, drehe mich um und schreie ihn an.

»Was hörste denn, Spasten-Tschounz?«

Es klingelt zur Pause und ich denke, ich bin gerettet. Doch plötzlich steht dieser Typ vor mir.

»Gib mir dein iPod. Ich möchte wissen, was de hörst, Alda!«

»Nee, ich will jetzt in die Bibliothek!«

»Baddääung! Der woar goar nix!«

Wie bitte? Ich muss das nicht verstehen, was meint er damit, darf man nicht in die Bibliothek hier?

»Zigarettenpause«, flüstert mir Danny zu und zieht mich mit. Wieso möchte er mich denn mitnehmen? Wieso laufe ich mit ihm aus der Schule heraus? An der Tram-Haltestelle vorbei, so wie einige andere Schüler, an den ›Raucher-Treffpunkt‹. Er bietet mir eine Zigarette an.

»Nein, danke, morgens rauche ich nicht!«

»Wie findest du Kranichstein?«, fragt er, genüsslich an der Zigarette ziehend und mich fest anblickend.

Ich berichte ihm, wie ich das Kaff gegoogled und geyoutubed habe und er nickt mir gelegentlich zu. Seine Miene hellt sich auf und ich habe das Gefühl, dass er mich mag und meine Einschätzungen von Kranichstein teilt.

Er erklärt mir, dass es nicht ganz so schlimm wie früher sei. Jetzt gebe es die Tram 5, die hierher fährt, früher fuhr nur der dämliche H-Bus, alle halbe Stunde, und auch nicht so spät am Abend. Das Schlimmste sei, »nirgends eine Kneipe oder ein Café für junge Leute. Nur diese Döner-Läden, kleine Gaststätten, Eis Venetia – sonst nichts.« Und von den Jugendzentren, von denen es immerhin drei gebe, rate er mir ab. »Du passt da nicht hinein! Genauso wenig wie ich!«, schmunzelt Danny.

»Warum denn nicht?«, frage ich verwirrt.

»Wir sind eben ›deutsche Kartoffeln‹ und keine ›Gangsta‹ wie sie.« Er schaut dabei die anderen Jungs an, die etwas weiter von uns entfernt stehen. Ich blicke ihn unsicher an.

»Du bist korrekt!«, bestätigt er mich und benutzt dabei einen Ton, der mir klarmacht, dass ich nun jemanden gefunden habe – jemanden vielleicht wie Fabian?

Ich frage mich, ob ich ein Wesen von einem fremden Stern bin, als wäre ich im falschen Film, da ich das alles nicht kenne, dieses Laute, diese Sprache, diese Kosenamen, diese Art, mit anderen Leuten umzugehen. Am liebsten würde ich gerade in diesem Moment an den Bahnhof fahren und nach Berlin zurückkehren.

Danny lacht und zwinkert mir zu, er braucht nichts zu sagen. Ich glaube, dass er mich versteht.

»Geh ma EKZ?«, fragt Mohammed, der gar nicht Mohammed heißt.

»Nein, ich geh nach Haus. Was soll ich EKZ, Alda?«, antwortet Anas, mit dem ich mich beim ersten Eintreten ins Klassenzimmer geprügelt habe.

Danny lacht mich aus, als meine Augen immer fragender blicken.

»EKZ ist die Abkürzung für Einkaufszentrum und Präpositionen kennen sie hier nicht. Die ›Gangsta‹ reden so!«, flüstert er mir zu.

»Ey, Alda, was ist mit dir? Gehst du mit EKZ?« Mohammed, der nicht Mohammed heißt, schaut mich an und meint mich.

»Nein, danke. Nett von dir«, sage ich ihm und hoffe, dass er merkt, dass ich das im Ernst sage.

Ich freue mich, dass er gefragt hat, bin mir aber nicht sicher: Hat er wirklich Interesse? Er lächelte dabei nett. Er hat Danny nicht gefragt, nur mich. Das wundert mich. Scheinbar war der Kampf mit Anas so eine Art Test. Den ich zum Glück bestanden habe.

»Ich kann einfach nichts mit Kanaken anfangen«, sagt Danny, als Mohammed, der nicht Mohammed heißt, außer Hörweite ist. »Ich habe nichts gegen Ausländer. Die Eltern von manchen Freunden sind Ausländer. Ich mag einfach die Haltung der Kranichsteiner nicht: Fußball, Hiphop, Computerspiele und Scheißfilme.«

Ich denke nach. So ähnlich geht es mir ja auch, glaube ich.

»Außerdem sind sie alle dumm. Du hast doch gehört, welchen Bullshit sie in den Schulstunden erzählt haben«, rechtfertigt er sich.

Ich mag Danny, aber ich finde ihn eingebildet, wenn er so etwas sagt. Ich hätte nichts dagegen, mit Mohammed, der nicht so heißt, befreundet zu sein. Dabei weiß ich gar nicht wieso. Er gefällt mir, irgendwie. Wenn er mich das nächste Mal fragt, ob ich etwas mit ihm unternehmen möchte, dann sage ich auf jeden Fall ja.

»Gehen wir nach der Schule zu dir?«

Schaut er mich gerade anzüglich an?

»Bei uns zuhause könnte der Noch-Freund von meiner Mutter eintrudeln. Auf den habe ich keinen Bock«, meint er gespielt genervt und verdreht künstlich die Augen.

»Klar«, sage ich, »kein Problem, bei mir ist niemand zuhause.«

Ich hatte die Hoffnung gehabt, bald einen neuen Freund zu finden, aber dass das so schnell gehen könnte ... einen vielleicht wie Fabian. Ich habe wie ein kleines Kind weinen müssen beim Abschied von ihm, ich muss wieder an ihn denken, und dann daran, dass Danny mit mir nach Hause geht. Ich lächle wohl über das ganze Gesicht.

»Was schaust du mich so schwul an?«, grinst er mich an.

Ich drohe ihm Prügel an, er knufft mich.

»Ja, mein Bester, so ist es richtig«, sagt er fröhlich.

Boah, ich könnte platzen! Ich puffe ihn am Arm, er singt ›Schwule Mädchen‹. Ich ignoriere das einfach. Er will mich nur aufziehen. Aber wieso gerade damit? Konnte er meine Gedanken erraten? Wusste er, dass ich gerade an Fabian gedacht hatte?

Ich glaube, dass er es gut findet, nicht mehr alleine in dieser Klasse zu sein. Er möchte es nicht zeigen, da bin ich mir sicher. Das passt nicht zu seiner souveränen Art, zu seinem offensichtlichen Cool-Sein. Außerdem schauen uns die anderen so merkwürdig an, insbesondere Mohammed, der gar nicht Mohammed heißt. »Badääuuungs« und »Jieehas« mal wieder von allen. Und dieses »Tschounz.« Ist mir egal. Ich bin froh, dass der erste Schultag beendet ist und wir nach Hause gehen können. Wir. Bei dem ›Wir‹ habe ich das Gefühl, über dem Boden zu schweben.

Danny geht zielsicher in unsere Küche, öffnet den Kühlschrank und ruft fröhlich: »Ja, cool, lass uns kochen!« Ich höre meinen Vater in meinem Kopf: – Was nimmt der sich denn da raus?! – und muss anfangen zu lachen – ich mag das gerade. Es ist so, als wären wir schon länger befreundet, als wäre ich hier schon zuhause, als hätte ich einen besten Freund.

»Euer Kühlschrank ist voll!«, sagt Danny völlig begeistert.

»Wieso? Ist euer Kühlschrank nicht gefüllt?«

Er ignoriert jedoch die Frage und ich frage mich, ob er auch eine ›Loreley‹ als Mutter hat. Meine Mutter ist ein bisschen wie sie; unwillkürlich muss ich an meine Lieblingsserie ›Gilmore Girls‹ denken, denn Loreley Gilmore kauft nie Essen ein, sondern bestellt mit ihrer Tochter immer sehr viele verschiedene Speisen auf einmal, indisch, mexikanisch, chinesisch. Immer neue Ideen, immer leicht aufgeregt, immer gegen den Rest der Welt, gegen die Spießigkeit, für die Revolution, und dann doch diese Aussetzer, in denen sie spießiger als die größten Spießer ist. Wasser predigen und Wein trinken. Sozialismus anpreisen und Kapitalismus leben.

Danny bedient sich am Kühlschrank und an den Speiseschränken und befiehlt mir Handlangerjobs. Er findet auf den ersten Blick Karotten, Zucchini, Auberginen, sogar die passierten Tomaten und die Lasagneblätter. Ich staune. »Wo ist das Mehl?«, fragt er mich, während er Butter und Milch aus dem Kühlschrank holt. »Für die Bechamel-Soße«, erklärt er. Ich öffne mehrere Schubladen und Einbauschranktüren und finde nach langem Suchen endlich das Mehl. Das tiefgekühlte Hackfleisch lässt er in der Mikrowelle auftauen, ich wusste noch nicht einmal den Knopf dafür. Danny weiß, was er da tut. Wie Fabian damals. Mein Sinn fürs Kochen ist etwas unterentwickelt. Vor allem ist Danny genauso chaotisch wie Fabian und verdreckt die Küche in großem Ausmaße. Ich spüle bereits ein paar der Kochutensilien, während er Hackfleisch, Gemüse und Bechamel schichtet. Seine Handgriffe sehen sicher aus und die Lasagne wird bald in den Backofen geschoben.

»Sag mal, kann man bei euch irgendwo rauchen?«

»Auf dem Balkon«, antworte ich.

Wir sitzen da, die Sonne scheint. Er zieht genüsslich an seiner Kippe – und mir geht es blendend in seiner Anwesenheit.

»Los, erzähl mal von Berlin. Muss ätzend sein, aus der Großstadt hier in dieses Provinz-Ghetto zu den Hustlers. Oh Mann! Wie konnten dir deine Alten das antun?«

»Mein Paps hat ne coole Stelle gekriegt und meine Mutter hat in Darmstadt eine gute Freundin – die Barbara – die sich selbstständig gemacht hat.«

Danny blickt mich fragend an, so erkläre ich weiter:

»Schon im Chemie-Studium hatten die beiden den Traum zusammenzuarbeiten. Aber dann ist meine Mutter wegen meines Vaters nach Berlin gezogen und hat jahrelang in der Pharma-Branche gearbeitet. Barbara blieb immer in Darmstadt und jobbte als Verkäuferin.«

»Wayne interessiert Barbara?«, zieht er mich auf.

Ich muss schmunzeln.

»Die ist witzig drauf, die hat einen Doktor in Chemie gemacht, doch ihr war das mit den Tierversuchen irgendwann einmal zu viel und sie beschloss, etwas Neues anzufangen. Und als Mama sagte, sie komme nach Darmstadt zurück, schrie Barbara am Telefon auf und sagte: ›Genau zum richtigen Zeitpunkt!‹ Sie setzten ihren Traum in die Tat um.«

»Und was?«

»Sie haben einen Stein-, Mineralien- und Schmuckladen mit zusätzlicher Lebensberatung in entspannter Atmosphäre!«

Er lacht. Diese Reaktion, und zwar die allergleiche, kam auch von Fabian damals.

»Lass uns die Lasagne aus dem Ofen holen«, sagt er.

Danny ist ganz anders als ich, zumindest wirkt er so. So selbstsicher und immer so, als wüsste er Bescheid. Worüber? Über alles eben. Man merkt ihm an, dass er nur mit bestimmten Menschen befreundet sein möchte, andere interessieren ihn nicht, solche wie diese Kranichsteiner. Er könne sich mit den Leuten in diesem Stadtteil einfach nicht identifizieren. Zum Glück mag er mich.

Nach dem Essen legen wir uns auf mein Bett, hören dabei Musik, und ich erzähle von Omama, von der alten Schule, von Fabian, vor allem von ihm. Ich rücke unwillkürlich näher an ihn.

»Du bist schwul, Jonas, nicht wahr?«, er rückt von mir ab.

»Nein!« Ich werde wütend, möchte nicht immer von ihm solche Sprüche hören. »Wie kommst du darauf?!«

Er schaut mich eindringlich und selbstsicher an. Das bringt mich noch mehr zum Kochen.

»Wie du von Fabian erzählst … Dein Aussehen …«, dabei zeigt er auf meine Klamotten, auf mein Gesicht, »… deine Art.«

Ich springe vom Bett auf.

»Ich bin nicht schwul!«, schreie ich ihn an. Ich möchte ausrasten, möchte ihn am liebsten boxen.

»Es ist nicht schlimm. Du kannst schwul sein, mich stört das überhaupt nicht. Ich bin es aber nicht. Okay?«

Das macht mich wütender. Nichts, rein gar nichts ist hier okay!

»Steh auf und geh! Sofort!«, brülle ich ihn an.

Mit fragendem Blick setzt er sich auf, zieht seine Schuhe an, sagt leise Entschuldigung, so einfühlsam, wie ich es nicht erwartet hätte.

»Mensch, Danny, ich bin es nicht. Wie kommst du nur auf so einen Scheiß!«

Wieder war ich am Ende des Satzes laut geworden, bereit, endlich zuzuschlagen.

»Tut mir leid. Ich meine das nicht böse!«

»Geh einfach, sonst schlage ich dich. Wirklich! Okay?«

»Ey, Mann, Jonas, vergiss es einfach. Ja? Ich wollte dir nicht zu nahe treten. Okay? Ich find's korrekt mit dir zu chillen. Und es ist einfach nice mit dir. Ja?«

Er lächelt mich schüchtern an.

»Bitte, ja? Sei mir nicht sauer!«

Ich gehe ins Bad, schließe die Tür, haue auf die Fliesen. Wie soll ich reagieren? Wieso fängt er immer mit diesem Thema an? Es war so schön, so harmonisch, ich fühlte mich so wohl mit ihm. Ich beginne zu weinen. Es ist mir alles zu viel! Der Umzug, der Verlust von Omama, die Sehnsucht nach Fabian und Berlin.

»Kannst du bitte aufmachen, Jonas?« Nach ein paar Minuten klopft er leise an die Türe.

»Nein!«

»Bitte entschuldige, Jonas. Es ist in Ordnung, ich lasse dich damit in Ruhe. Du bist nicht schwul. Okay? Und wir rauchen eine Friedenspfeife. Und dann hören wir Musik und alles ist gut. In Ordnung?«

»Mh …«

Ich weiß nicht, wieso ich ›Mh‹ sage und ›Okay‹ denke, doch als ich aus dem Bad komme und er mich so lieb anschaut, dann schüchtern den Kopf senkt und dabei wie ein kleines schuldbewusstes Kind aussieht, kann ich ihm nicht mehr böse sein. Ich möchte ihn plötzlich in den Arm nehmen, doch lasse ich es lieber.

Wir gehen auf den Balkon. Er dreht zwei Zigaretten. Wir schweigen uns eine Weile an. Er zündet beide an. Reicht mir eine davon weiter. Ich schaue auf Kranichstein. Nehme einen kräftigen Zug. Fülle meine innere Leere damit.

»Ist alles wieder gut bei dir?«

»Mh …« Ich zucke die Schultern.

»Bedeutet das ›Ja!‹?«, fragt er mich unsicher.

»Ich bin nicht schwul. Fabian war mein bester Freund. Ich weiß sowieso nicht, wieso du die ganze Zeit davon redest.«

»Tut mir leid.« Er schaut dabei auf den Boden. Dann öffnet er den Mund, sagt aber nichts.

Ich warte. Doch es kommt nichts. Es ist eine greifbare Spannung in der Luft. Ich fühle mich unwohl, ein bisschen wie vor einer Prüfung, vor der ich nichts gelernt habe.

Nach dem Rauchen legen wir uns wieder auf das Bett. Wuffi liegt zwischen uns, und das ist vielleicht ganz gut so. Womöglich ist er so etwas wie ein Puffer. Noch ist es aber nicht so wie vor dem ›Streit‹. Wir hören Clueso. Ein deutscher Sänger mit schönen Texten, über die Liebe und über das Überfordertsein mit dem Leben, jung ist er, frisch hört sich sein Sound an, mit Einflüssen aus dem Reggae, aus der Black Music, aber auch ein bisschen poppig manchmal. Mit der Stimme Cluesos im Ohr – und im Herzen – fühle ich mich wieder heimelig, so nah neben Danny, ich weiß nicht, ob es ihm auch so geht. Wirke ich echt so schwul? Was will ich von ihm? Bin ich etwa verliebt in ihn? Nein, das kann nicht sein.

»Jonas, es gibt Essen«, ruft meine Mutter, kommt ins Zimmer, ihr Blick fällt auf Danny. »Oh. Du hast Besuch«, sagt sie erstaunt.

Er stellt sich vor, sie freut sich. Ich sehe an ihren Augen, dass irgendetwas ist. Sie lädt ihn zum Abendbrot ein, doch er erwidert, dass er mit seiner Mutter zum Essen verabredet sei. Er packt seine Sachen, dabei schmeißt er aus Versehen Wuffi aus meinem Bett, hebt ihn lächelnd, aber auch leicht die Augenbrauen hochziehend auf und legt ihn vorsichtig ins

Bett. Was denkt er jetzt bloß? Er verabschiedet sich lächelnd von uns, auch in diesem Moment erscheint er selbstbewusst.

Beim Abendessen erzähle ich von meinem ersten Schultag. Meine Mama nickt zufrieden.

»Er sieht Fabian ähnlich, nicht wahr?«

Ich schaue sie fragend an.

»Ich meine deinen neuen Freund!«

»Meinst du?« Merkwürdig. Das war mir nicht aufgefallen.

»Und ihr habt geraucht.«

Es ist mir peinlich.

»Wenn das dein Vater erfährt, mein lieber Jonas, dann möchte ich wirklich nicht in deiner Haut stecken!« Dabei runzelt sie die Stirn. Auf unseren Familienfeiern wird erzählt, dass sie früher nicht nur geraucht und gekifft hat, sie verkehrte in ganz anderen Kreisen in ihren Abi- und Studientagen. Das weiß ich, auch wenn versucht wird, es vor mir zu verbergen. Sie hatte sich militanten Studentengruppen angeschlossen. Die machten sich nicht nur für mehr Rechte für unterdrückte Minderheiten in der ganzen Welt stark, sondern auch gegen Umweltverschmutzung und demonstrierten gegen Atomkraftwerke, errichteten Sitzblockaden, ketteten sich an Gleise, damit man das Plutonium nicht nach Gorleben transportieren konnte. Mein Vater jedoch könnte sehr ungemütlich werden, wenn er das mit dem Rauchen, selbst wenn es nur Zigaretten sind, mitkriegte.

»Vermisst du Fabian?«

Denkt sie, dass ich schwul bin? Glaubt sie, dass Fabian mein fester Freund war und dass nun ein anderer Junge diese Rolle einnimmt?

Ich liege in meinem Bett, mit dem MacBook neben mir, ich sehe darauf meinen Freund Fabi, wie ich ihn meistens nenne, wir skypen. Im ersten Moment wird mir zwar ganz wehmütig, doch dann fühlt es sich gut an, ihn zu hören, ihn zu sehen, so ein bisschen wie Heimat – Heimat, die für diese Augenblicke zurückkehrt. Ich würde es ihm gerne sagen, doch ich weiß nicht wie. Ich erzähle ihm von meinem ersten Kampf und von meinen schrägen Mitschülern, was ihn beides sehr belustigt. Er erzählt mir, dass er noch Ferien hat, vertreibt sich die Zeit im Schwimmbad oder am See, geht auch noch mal aus dem Haus, um Freunde zu treffen. Das macht mich ganz neidisch. Als er die Verbindung trennt, bin ich traurig. Ich nehme Wuffi in meine Arme und knuddele ihn. »Du verlässt mich niemals!«, sage ich verzweifelt zu ihm. Wenigstens etwas, was mir aus der Berliner Zeit geblieben ist. Was wird hier in Kranichstein passieren? Dieser merkwürdige Traum, dieser erste Schultag, mein neuer Freund Danny, meine Mitschüler – alles ist so anders jetzt. Als ich gerade am Einnicken bin, höre ich wie der Türknauf leicht hinuntergedrückt wird. Ich sehe nichts, es ist dunkel. Vielleicht ist es mein Vater.

Vor 65 Tagen und Nächten
... Anders

Ich befinde mich im Gebirge. Überall sind schwarze Felsen und ich sehe mich ganz vorsichtig darauf balancieren, immer ganz knapp über die Felsspalten hinweg, mir wird ganz mulmig zumute. Ich weiß nicht, wo ich hinlaufe, wo ich bin, was ich hier soll. Plötzlich sehe ich vor mir diese mittellangen Haare, das gleiche schwarz-weiße Fußballtrikot wie zuvor, er bewegt sich sehr viel sicherer als ich. Ganz laut rufe ich: »Bleib bitte stehen!« Daraufhin dreht sich der Junge um, läuft auf mich zu, aufgeregt gehe auch ich weiter in seine Richtung. Als wir nur noch zwei, drei Meter voneinander entfernt sind, schaut er an mir vorbei, brüllt plötzlich: »Oh Scheiße, sie sind hinter uns her! Lauf los! Ganz schnell!« Er dreht sich wieder um und bewegt sich flotten Schrittes davon. Ich wende mich um, überrascht sehe ich ganz viele Jungs, die ebenfalls Fußballtrikots tragen, einer von ihnen hat eine Flagge mit einem Totenkopf darauf in der Hand. Ich laufe schleunigst weiter, aber sehr viel ungeschickter als der Junge mit den mittellangen Haaren. Nach einer Weile passiert das Unvermeidliche. Ich rutsche ab, stürze fast in eine Felsspalte, kann mich gerade noch festhalten. Der Junge sieht das, als er sich auf meinem verzweifelten Hilferuf umdreht, überlegt kurz, ob er weiterlaufen oder mich retten soll. Die Entscheidung fällt ihm schwer, denn es könnte ja sein, dass wir dann beide gefangen werden. Doch dann rennt er auf mich zu – und im letzten Moment, als ich schon glaube, mich nicht mehr festhalten zu können, zieht er mich hoch. In diesem Augenblick sind unsere Verfolger ganz nah an uns herangekommen. Panik steigt in mir hoch, ich habe Angst, dass wir umgebracht werden. Dann plötzlich sagt der Junge: »Da hilft nur eins!« Er zieht mich noch näher an sich, küsst mich. Als ich mich dann wieder umblicke, steht da niemand mehr. Ich schaue ihn verdutzt an. Doch er sagt nichts.

Ich wache auf. Verwirrt frage ich mich, was ich da geträumt habe? Krass! Was soll das alles bedeuten?

»Way, way, way, was schicke Klamotten!« Meint das Mohammed, der gar nicht Mohammed heißt, ernst? Möchte er mich verarschen? Denkt er, dass ich schwul aussehe? Zieht er mich nur auf? Ahnt er, welch krassen und schwulen Traum ich vor ein paar Stunden hatte? Ich schaue an mir herunter. Ich trage meine hellblauen Chucks, zerrissene Jeans, ein weißes Hemd, lose heraushängend, und eine rosa Krawatte im 80er Style, ebenfalls lose umgebunden. Oh Mann, wahrscheinlich hält er das für schwul. Oder er findet es wirklich cool? Vielleicht war das Angebot gestern, mit ihm zum Einkaufszentrum zu gehen, nicht nur aus Höflichkeit gesagt, vielleicht respektiert er mich ja, weil ich mich gegen seinen Kumpel durchgesetzt habe?

»Beste Leben, Alda! Du hast Style, Alda! Respekt!« Nun kommt Shad M. auf mich zu. Er klopft mir auf die Schulter, während ich mich auf meinen Platz setze. Er steht nun vor mir, sagt: »Ehrlich! Ich finde deinen Style krass! Lasst uns ne Party in ein paar Wochen machen, ich organisier das. Alle Jungs müssen Hemd und Krawatte anziehen, die Mädels Abendkleider. Das ist fit! Wie beim Abschluss! Jawoll, das machen wir, ›Tschounz‹!«

»Ich heiße Jonas!«

»Ja, Tschounz, Alda, ist klar. Respekt! Ich plan das! Machen wir im Chillmo. Der Rolf mag mich. Der gibt mir das Chillmo für ne Party, wenn ich ihn frag.«

Oh Mann! Verrückt! Aber auch witzig, schön, ja, ich fühle mich dazugehörig, ich weiß nicht wieso.

»Korrekt, Alda. Korrekt! Das wird die Party des Jahrhunderts. Ich kann Partys planen. Ihr könnt jeden fragen. Das sind die fittesten Partys in Darmstadt. Ich frage noch nen Kumpel, der ein bekannter Rapper ist, MC Ümit. Kennt ihr den? Der ist in den Charts. Er macht mit mir ne Platte.«

»Ey, super Sache!«, sage ich und muss mich vorsehen, ihn nicht auszulachen, diesmal aber nicht, weil ich ihn lächerlich finde, sondern weil ich das heute süß finde. Er möchte einfach nur gemocht werden, »Aufmerksamkeit« würde meine Mutter sagen, und ich denke, wieso denn nicht, er ist doch echt nett und liebenswert.

Der Lehrer stürmt herein, mit einem großen Korb, in dem sich Millionen von Materialien befinden. »Hansen ist cool«, flüstert mir Danny ins Ohr und deutet auf ihn. »Den interessiert nicht, wer im Klassenraum sitzt und wer nicht. Lass uns rausgehen!«

Im ersten Moment bin ich fassungslos, aber dann denke ich: ›Was soll's!‹.

»Ich brauche dringend einen Kaffee. Lass uns mal rüber zu Aris gehen«, sagt Danny in der großen Pause.

Who the fuck is Aris?, frage ich mich.

»Das ist unser cooler Sozialarbeiter.«

»Was? Cooler Sozialarbeiter? Schließen sich diese beiden Worte nicht gegenseitig aus?«

»Ja, ich weiß. Wollsocken, Birkenstock und hässliche bunte Pullover. Immer schön am Tee trinken und positiv sein und so. Glaub mir, so ist Aris nicht. Aber das wirst du ja gleich sehen, wenn wir drüben sind.«

Als wir in der Schulsozialarbeit klingeln, ist sehr viel los. Ein Fünftklässler macht uns auf. Hinter ihm taucht ein junger Mann auf. Er hat hellblaue Chucks an! Graue Röhrenjeans und ein rosa T-Shirt mit V-Ausschnitt komplettieren sein Outfit. Oh Mann! Er kommt lachend auf mich zu und begrüßt uns. »Schöne Chucks!«, sagt er zu mir, er schaut mich so merkwürdig an, als ob er meine Gedanken lesen könnte.

»Habt ihr einen besonderen Wunsch?«

Danny zeigt Richtung Küche und zwinkert ihm zu. Aris nickt, deutet an, dass er gleich vorbeischauen wird. Mein Banknachbar kocht frischen Kaffee. So selbstsicher wie er das bei mir zuhause tut, so selbstverständlich, so, als würde ihm die Welt gehören. Ich setze mich und schaue ihm dabei zu, ich, der immer abwartet, der darüber staunt, dass Danny die Verantwortung übernimmt. Dagegen komme ich mir sehr unsicher vor und warte lieber ab – und am Ende mache ich alles mit.

»Vor den Sommerferien war ich ständig bei Aris«, sagt Danny.

»Wieso?«, frage ich irritiert.

»Ich wollte nicht nach Hause …« Er klingt etwas geknickt.

»Ach, dieser beknackte Freund deiner Mutter«, nicke ich ihm zu.

»Genau. Aris war da für mich. Wie ein Kumpel. Haben gekocht, sind Döner essen gegangen. Das war chillig.« Seine Miene hellt sich bei den Worten auf.

»Ist das nicht ungewöhnlich?«

»Aris ist kein typischer Sozialarbeiter!«, lacht er.

Das habe ich schon bemerkt, denke ich. Er trägt das gleiche Outfit wie ich, sieht cool aus, locker, er ist hübsch. Er ist ein Mann, ich ein Kind, und ich bin nicht schwul. Scheiße! Gestern habe ich noch mit Wuffi geschmust, heute beschäftigt mich, ob ich auf Männer stehe!

»Was ist mit euch? Kein Unterricht?« Aris kommt in die Küche gelaufen.

»Wir haben ein dringendes Problem!«, sagt Danny kichernd.

»Okay, dann reden wir drüber!«, erwidert Aris lachend. Er setzt sich an den Tisch, schaut mich an.

»Du kommst aus Berlin. Aus welchem Kiez denn?«, möchte er wissen.

»Aus Schöneberg.«

»Ach, da wohnt mein Ex-Freund. Da habe ich sehr viel Zeit verbracht. Früher.«

»Bist du schwul? Oh, entschuldigen Sie!«, platzt es aus mir heraus.

»Wofür entschuldigst du dich? Für das mit dem Schwulsein? Oder für das Duzen? Duzen darfst du mich! Und dass ich schwul bin, ist an der EKS kein Geheimnis!«

»Wirklich nicht?« Ich habe Angst, dass meine Stimme zu schrill dabei klingt. Ich muss wohl ein sehr verdutztes Gesicht machen, denn er fängt an, schallend zu lachen. Mich überfordert das gerade, aber das scheint ihn nicht zu stören. Nach diesen Träumen mit dem Jungen, nach diesen ersten Schultagen bin ich verwirrt und habe ein mulmiges Gefühl. Bin ich deswegen hier? Warum hat mich Danny hierher gebracht? Ich blicke meinen Freund an, der erneut ein souveränes Gesicht macht, wie immer.

»Jonas, was schockiert dich denn daran? Damals blieb mir die Entscheidung, ob ich mein Schwulsein verheimlichen will und damit etwas vorlebe, was ich nicht mag, oder ob ich es offen thematisiere.« Aris macht ein nachdenkliches Gesicht. Stockt ein bisschen, blickt mir in die Augen.

»Es war nicht so, dass ich es unbedingt jedem erzählen wollte, nur wurde ich geoutet und danach ständig ausgefragt. Natürlich hätte ich ebenso gut erzählen können, dass es niemanden etwas angehe, aber besser fand ich es, offen damit umzugehen. Damit konnte ich potenziellen Angriffen gleich den Wind aus den Segeln nehmen. Ich war nicht erpressbar.«

»Trotzdem mutig ...«, werfe ich bewundernd ein.

»Wenn du etwas in der Gesellschaft verändern möchtest, dann solltest du da anfangen, wo du gerade bist. Und der Erfolg gibt mir Recht.«

Er wirft mir einen schrägen Blick zu. Was soll das bedeuten?

»Soll das heißen, dass du keine Probleme mit deinem Schwulsein hast? Nicht bei diesen ganzen Türken und Marokkanern?«

»Nee, also bei den Schülern eher weniger. Kommt mal vor, vor allem am Anfang, aber mit der Zeit hat sich das gelegt. Habe ich Respekt vor ihnen, haben sie Respekt vor mir. Außerdem ...« Er schaut uns beide abwechselnd an, »wenn sie es sich mit mir verscherzen, wer lässt sie dann noch in die Sporthalle?«, fährt er kichernd fort.

Ich schaue Danny fragend an.

»Aris hat den Hallenschlüssel und geht mit ihnen Fußball spielen. Vor allem mit den Jungs aus unserer Klasse und der Parallelklasse.«

»Es ist schon klar, dass der eine oder der andere ein Problem damit hat. Vor allem bei den Kleineren, aber die Großen ...«, er trinkt einen Schluck Kaffee, »die möchten ständig etwas mit mir unternehmen.«

»Ausflüge ins Kino, Schwimmbad undsoweiter«, fügt Danny hinzu.

»Ich mache das gerne. Viele schätzen an mir, dass ich offen und ehrlich bin.«

»Und den einen oder anderen Kranichsteiner magst du besonders!«, stichelt Danny verschmitzt.

»Wie bitte?«, fragt Aris entrüstet.

»Na, Afyon!«, sagt Danny lachend.

»Wer oder was ist iPhone? Das Mobiltelefon?«, frage ich neugierig. Irgendwie kommt mir der Name bekannt vor.

In diesem Moment klingelt das Telefon.

»Geht mal lieber zurück in den Unterricht, bevor es Ärger gibt«, sagt Aris und läuft zum Telefon.

Danny und ich verbringen die Tage miteinander. Zuerst in der Schule, dann zuhause bei mir. Wir kochen, hängen auf dem Balkon herum, hören Musik, reden, schauen gemeinsam Filme. Es ist so, als würde mein Leben in

Berlin, mein bester Freund Fabian, meine zahllosen Nachmittage mit ihm, hier mit einem anderen Gesicht, einer anderen Fassade weitergehen. Die Leute, über die wir reden sind andere, die Dinge, über die wir quatschen, sind die gleichen. Bei allem Glück, das ich mit Danny habe, vermisse ich mein Berlin nach wie vor. Kreuzberg, Neukölln oder die Admiralbrücke am Landwehrkanal, dort treffen sich immer ganz viele junge Leute, die Musik machen, Bier trinken, Jungs und Mädels in meinem Alter, die Französisch, Englisch, Spanisch oder Holländisch sprechen.

»Aris ist cool! Toller Style!«, sage ich begeistert zu Danny, als wir wieder im Unterricht sitzen.

Er nickt wissend.

»Und wer ist iPhone, Affyan oder so?«

»Afyon heißt er!«, korrigiert mich Danny.

»Passt mal auf ihr beiden! Zuerst kommt ihr ewig zu spät und dann schwatzt ihr die ganze Zeit!«, unterbricht uns Hansen leicht genervt in dem Moment, als Danny weiterreden möchte.

Am Freitagabend schleppt mich Danny in den Herrngarten – den größten Park Darmstadts. Dort kriege ich mich nicht mehr ein, als ich die Freunde von ihm kennenlerne, neben ihnen sitze und sie im Ernst Rage-against-the-Machine-CDs in ihren Ghettoblaster stecken und ihnen andächtig zuhören, während sie die Bierflaschen rumgehen lassen. Das ist so merkwürdig: Rage waren einst so etwas wie eine Revoluzzer-Band, damals Anfang der Neunziger, meine Mutter stand auf die, kaufte sich alle Platten, alle T-Shirts, bunte Mützchen und Kettchen von denen – eines Abends spielte sie Fabian und mir sogar ein Konzert auf DVD von ihnen vor und erzählte Anekdoten dazu. Wie sie auf diesem sagenumwobenen Konzert in Paris war, als die Band nackt auf der Bühne stand, um gegen Konsum und Kommerzialisierung der Gesellschaft zu protestieren. Die Freunde von

Danny haben auch alle solche witzigen Mützchen und bunten Kettchen und Armbändchen an. Während Danny ganz in schwarz ist, Klamotten und Schuhe, jeden Tag, und schwarze Haare, allerdings anstatt brauner Augen wie unsere Mitschüler grasgrüne Augen.

Irgendwann wird es uns zu kalt, so gehen wir zu Aaron und trinken dort weiter. Wir sitzen im Partykeller seiner Familie, überall gibt es bequeme Sessel und Kissen zum Fläzen, eine kleine Bar, einen Fernseher, sogar eine Disco-Kugel. Die flippige Giovanna, die ganz aufgedreht ist, als hätte sie zu viel Kaffee getrunken, und der nette Frederik schnappen sich Gitarren und fangen an ein bisschen zu klimpern und Aaron singt dazu ›Nirvana's Polly‹, ›Radiohead's Creep‹ und andere Lieder, Oldschool wie Rage, aber irgendwie cool. Die anderen liegen rum, trinken Bier und rauchen. Ich nicht. Ich habe meinen Kopf auf dem Schoß von Danny und die Augen geschlossen. Ich fühle mich rundum wohl und schlafe ein.

Wasser. Ich stehe im Wasser, ich sehe diesen Jungen mit den mittellangen dunklen Haaren vor mir. Diesmal fange ich ihn und plantsche mit ihm. Wir lachen und tollen herum. Ich berühre ihn an Stellen, an denen ich noch nie einen anderen Jungen oder überhaupt einen anderen Menschen berührt habe, er streichelt mich auch …

Am Morgen wache ich entspannt auf und stelle fest, dass ich mit Danny alleine auf dieser Kuschelwiese liege und er sich an mich geschmiegt hat. Beim Versuch, mich von ihm loszumachen, wacht er auf. Langsam öffnet er die Augen, was total niedlich aussieht.

»Lass uns zu mir gehen!«, sage ich zu ihm.

Zuhause sitzen meine Eltern am Frühstückstisch und fordern uns auf, mit ihnen zu essen. Ich kann mich nicht erinnern, wann ich das letzte Mal mit meinem Vater zusammen gegessen habe. Er scheint sehr entspannt zu sein und fragt mich über meine erste Woche aus.

Er ist komisch heute. Er spricht in ruhigem Ton, er freue sich, dass es mir in Kranichstein offensichtlich so gut gefalle, ich schnell neue Freunde gefunden habe und die Schule wohl ganz nett sei. Noch nie hat er mitgekriegt, dass ich die Nacht woanders verbringe, ohne dies mit ihm abgeklärt zu haben; normalerweise muss ich mindestens eine Woche vorher darum bitten. Aber diesmal war ja alles so spontan gelaufen: Ich hatte meine Mutter angerufen, als wir vom Herrngarten in die Pallaswiesenstraße zu Aaron gelaufen waren, ihr gesagt, dass ich bei Aaron schlafen würde, weil nichts mehr nach Kranichstein fährt so spät am Abend. In Berlin hätte ich eine Standpauke dafür bekommen! Allerdings kriege ich das Gefühl nicht los, dass er sich nur so verhält um zu zeigen: Er alleine hatte recht gehabt mit seinen Entscheidungen, und meine Einwände, die ich am Anfang der Sommerferien gehabt hatte, waren falsch – als ich damals sagte, dass ich nicht nach Kranichstein ziehen, sondern bei meiner Omama wohnen bleiben wolle, dass ich in meinem neuen Zimmer dahinvegetieren, mich vermutlich nach der ersten Woche umbringen würde und lauter solche Sachen.

Nach dem Frühstück duschen Danny und ich, legen uns auf mein Bett, hören Musik und dösen vor uns hin. Sonntagabend schauen wir DVDs und er schläft dabei ein. Ich kuschle mich an ihn bis meine Augen zu fallen.

Morgens wecke ich Danny, der mich mit einem Lächeln auf dem Gesicht anschaut und mich anzwinkert: »Na, bist du glücklich? Jetzt hast du schon die zweite Nacht mit mir verbracht!«

Ich gebe ihm einen leichten Schwinger.

»Kleiner Pisser! Vielleicht bist du ja schwul, wenn du immer wieder auf dieses Thema zurückkommst!«, sage ich herausfordernd.

»Ja, vielleicht! Aber vielleicht möchte ich es dir nur einfacher machen!«

»Was möchtest du mir einfacher machen?«, frage ich verwirrt.

Doch er schweigt. Dann umarmt er mich zärtlich und tätschelt mich am Rücken. Komisch. Ich kann ihm gar nicht böse sein. Bin ich wirklich schwul? Oh mein Gott! Muss das sein?

Wir laufen in die Schule und es fühlt sich gar nicht schlimm an, dorthin gehen zu müssen, denn ich weiß, dass Danny den ganzen Morgen neben mir sitzen wird und ich mit ihm die Pausen verbringen werde. Scheiße! Ich bin schwul! Mir ist ganz schummerig. Mir ist gleichzeitig heiß und kalt. Mir flackert es vor den Augen und meine Beine zittern ebenso. Was ist nur mit mir los?

Beim Mittagessen, zuhause bei mir, wird er angerufen, geht ins Bad, telefoniert dort und kommt freudestrahlend zurück.

»Ich habe ein Date mit Giovanna!«, ruft er begeistert aus.

Irritiert blicke ich ihn an.

»Ein Date?«

»Ja!«, er kriegt sich gar nicht mehr ein vor Freude, »sie hatte diese es-ist-was-ganz-Wichtiges-und-ich-möchte-mit-dir-drüber-reden-Stimme.«

Mir zieht sich etwas in meinem Bauch zusammen. Total unangenehm. Als hätte ich etwas Schlechtes gegessen.

»Super!«, sage ich und glaube selbst nicht daran.

Er tanzt um mich herum, ganz aufgekratzt.

»Was ist denn daran so besonders?« Es fällt mir schwer irgendetwas zu sagen. »Ihr habt euch doch schon öfter gesehen!«

»Nein«, fällt er mir ins Wort, »das war sonst anders, da sind immer Leute dabei gewesen, dieses Mal nicht!«, ruft er triumphierend aus.

Er macht sich sofort auf den Weg. Ich bin eifersüchtig. Das muss es sein! Das muss dieses Gefühl sein. Nicht Neid! Und kein böser Wunsch! Ich möchte einfach, dass es so bleibt, wie es die letzte Woche war. Dass ich der wichtigste Mensch in seinem Leben bin. Dass er mit mir die ganze Zeit zusammen ist. Ja, das möchte ich. Das ist Eifersucht, die mir so zu schaffen macht. Bisher habe ich nur in Büchern darüber gelesen, in Filmen erstaunt mit angesehen. Aber das ist es! Und es ist kein schönes Gefühl! Es ist verdammt beschissen. Am liebsten hätte ich ihn, als er aufgestanden ist, wieder zurückgezogen, ihn irgendwie an mich gebunden.

Ich kuschele mein liebes – und vor allem treues – Stofftierchen, »gell, Wuffi«, sage ich ihm, »du bist immer für mich da, wenn ich dich brauche!«

Dann fange ich eines der Bücher zu lesen an, die ich morgens aus der Schulbibliothek ausgeliehen hatte. ›Running Man‹ heißt es: Bis in seine Träume hinein wird Joseph vom ›Running Man‹ verfolgt, der durch die Stadt rennt wie ein Getriebener … So recht kann ich mich aber nicht konzentrieren. Immer spukt Danny in meinem Kopf herum. Kann nicht alles so bleiben, wie es gerade ist? Es soll niemand zwischen uns treten. Ich drehe ganz laut MGMT auf, suche die CD-Hülle und schaue mir das Cover der Band genauer an. Die machen ähnliche Musik wie die Fleet Foxes, sie gehören auch dieser Bewegung der New Hippies an, sind aber ein bisschen verrückter, bunter, jünger und sehr viel elektronischer. Die beiden Bandmitglieder sind weder Karohemden- noch Bartträger, der Sänger läuft oft mit nacktem Oberkörper herum und mit einem Stirnband … Ich lege mich in mein Bett und döse ein. Ständig habe ich Bilder in meinem Kopf, wie ich in MGMT-Videos mitspiele. In ›Electric Feel‹ tanze ich mit ihnen im Dschungel, habe genauso bunte Klamotten und Ketten an wie die Bandmitglieder, trage ein witziges Stirnband, das meine blonde lange Mähne in Zaum hält. In ›Time to Pretend‹ surfe ich mit dem Sänger auf einem Board. Dann liege ich mit ihm am Strand und er zieht mich an sich ran.

Oh Mann! Ich wache auf. Zu Fabian-Zeiten dachte ich immer: Hm, es ist eben eine Phase, mir reicht mein Freund Fabi, ich brauche keine Freundin. Es interessierten sich zwar Mädchen für uns, Fabi traf sich auch mit welchen, aber es ist nie etwas daraus geworden. Nach ein paar Treffen hatte er das Interesse verloren. An mir nie. Ich traute mich nicht mit Mädchen zu daten. Ich dachte immer: Nein, es ist nicht das Richtige! Es war gut, wie es war. Wir trafen uns mit unseren Freunden. Wir fragten uns nie, ob wir schwul sind, es hat auch keiner danach gefragt. Wir waren einfach beste Freunde. Es gab nie einen Kuss, nie eine intime Berührung oder so was.

Jetzt bin ich in Kranichstein und ständig taucht dieses Thema auf. Und mittlerweile glaube ich selbst schon daran, dass ich schwul bin. Aber bin ich das wirklich? Wenn nur diese Träume nicht wären. Doch sie sind da

– und sie verstören mich nicht mehr so sehr wie früher. Zu schön ist das Gefühl dabei. Ich schaue mir wieder das Cover von der MGMT-CD an und muss gestehen, dass ich den Sänger sexy finde. Verdammt, er gefällt mir. Wie mir noch nie ein Mädchen gefallen hat. Das ist die Wahrheit! Nie denke ich an Mädchen. Es stört mich auch nicht weiter. Bisher störte mich auch nie, dass ich mit fast 16 noch nie einen Kuss bekommen habe. Und jetzt? Keine Ahnung! Ich möchte Danny für mich behalten.

»Was macht die Liebe?«, höre ich Fabians Stimme am Telefon sagen. Sie trifft mich wie ein Blitz. Glaubt er auch, dass ich schwul bin?

»Was macht sie bei dir?«, frage ich – im Versuch von mir abzulenken.

»Hey, ich bin verliebt, zumindest glaube ich das. Ich denke immer an ein Mädchen, an Sabrina, und ich würde gerne mehr mit ihr machen als Knutschen wie bisher.«

Oh nein, das möchte ich nicht hören – er also auch noch!

»Ich habe dich sehr gerne, Fabi!«, sage ich vielleicht etwas zu gefühlsduselig.

»Ich dich doch auch, Jonas!«, antwortet er sanft und für mich überraschend.

»Du fehlst mir!« Meine Stimmung wird noch rührseliger. Ich muss weinen.

»Wieso weinst du?«

Dann platzt alles aus mir heraus:

»Fabi, ich bin verwirrt. Danny denkt, dass ich schwul bin. Was soll ich tun? Bin ich wirklich schwul? Was sagst du denn?« Ich atme gar nicht mehr aus, kollabiere fast.

»Jonas, ich weiß nicht, ob du schwul bist. Bist du denn in jemanden verliebt? In Danny vielleicht?«

»Keine Ahnung, ich war doch noch nie verliebt!«

Fabian ist eine Weile still. Nur mein lautes Atmen ist zu hören.

»Ich fand es merkwürdig, dass du bei unserem Abschied so geweint hast, da war ich überfordert …« So kenne ich Fabian nicht. Was meint er mit ›überfordert‹? »Ich fragte mich plötzlich, ob du schwul bist und dann habe ich das auch zu dir gesagt …« Stimmt, das hat er zu mir gesagt. »Aber es war nur halb ernst gemeint.«

»Halb ernst?«

»Na ja, ich war auch traurig, aber keine Ahnung, es kam mir halt merkwürdig vor.«

»Merkwürdig?« Ich wische meine Tränen aus dem Gesicht – was meint er mit ›merkwürdig‹?

»Andere Jungs machen das eben nicht, ich kenne das nicht. Aber es ist okay. Du bist mein bester Freund und ich mag dich wie du bist.«

»Aber … also, wie meinst du das?«

»Ach … sei einfach wie du bist. Du kannst mir alles erzählen. Ich bin für dich da.« Seine Stimme klingt warm und verständnisvoll. Er ist etwas Besonderes.

Ich bin total traurig. Fabian kommt mir so schrecklich erwachsen vor, wie Danny. Beide haben jetzt ein Mädchen. Und was ist mit mir? Bin ich denn wirklich schwul? Ist das, was ich für Danny fühle, Verliebtheit? Bin ich deswegen eifersüchtig?

Ich bin im Gebirge, da, wo ich war, als der Junge mich küsste und unsere Verfolger sich auflösten. Wir laufen händchenhaltend über diese Felsen, schauen in den blauen Himmel. Er sagt: »Ist das nicht schön?« Und ich schaue ihm in die Augen und sage: »Ja, sehr schön!« Er lacht mit seinem ganzen Mund, der immer größer wird, so groß, dass er mich ähnlich einer Riesenschlange ganz auffressen könnte – und er tut dies auch im nächsten Moment. Gruselig. Plötzlich bin ich weg … alles wird dunkel … im nächsten Moment sehe ich mich in einer Höhle, mit ganz wenig Licht, und frage mich, ob ich nun in diesem Jungen drin bin, wie ein Fötus im Bauch seiner Mutter.

Ich wache auf, bin ganz verstört.

Meine Mutter steht im Zimmer, betrachtet mich, lächelt mich an.

»Abendessen!«, sagt sie leise und streicht mir sanft über das Gesicht.

»Mh ...?«

»Stell dir vor, dein Vater möchte sich mehr um dich kümmern!«, flüstert sie mir ins Ohr. Meine Augen öffnen sich ganz weit, ihre Lippen sind auf meiner Haut so weich. »Sagt er!«, fügt sie noch leiser hinzu.

Ich schaue sie verwirrt an.

»Hab keine Angst, Jonas, ich bin ja dabei.« Sie nimmt mich in den Arm.

Mit einigem Befremden laufe ich ins Esszimmer, mein Vater sitzt kerzengerade und mit ernstem Gesicht am Tisch. Ich hatte mich schon bei Dannys Anwesenheit tags zuvor über die Sprüche meines Vaters gewundert. Jetzt kommt es! Ich fühle das Gewitter, es riecht nach Ärger.

»Ist dein Freund heute nicht bei dir?« Seine Stimme klingt streng.

Ich setze mich an den Tisch, ihm gegenüber. Es ist mir unangenehm.

»Nein ...« Ich suche nach meiner Mutter, versuche seinem Blick zu entgehen, »was gibt es zu essen, Mama?« Ich weiß, dass er mich anstarrt.

»Hör mal, Jonas, ich freue mich grundsätzlich, dass du einen neuen Freund hast ...«

»Aber?« Ich frage nach dem ›aber‹, betrachte das Muster der Papierserviette. Ich muss an Alice im Wunderland denken, wie sie bei der Teeparty mit dem verrückten Hutmacher neben dem Märzhasen sitzt und sich denkt, dass diese Teegesellschaft wirklich zu abgedreht ist – was macht Mama so lange in der Küche?

»Na ja, du ... also, ich ... wir ...«

Er sucht nach einem Anfang, sucht nach den richtigen Worten und ich höre voller Erlösung die gutgelaunte Stimme meiner Mutter: »Es gibt Frankfurter Grüne Soße!« Endlich ist sie da. Ich schaue sie an, ignoriere meinen Vater.

»Das soll eine Spezialität aus der Region sein ...« Sie strahlt, stellt eine Schüssel mit grünlich-dickflüssigem Inhalt auf den Tisch, »dazu essen sie hier Salzkartoffeln und hartgekochte Eier!« Stolz präsentiert sie die Beilagen – das tut sie wie auf so einem Verkaufs-TV-Kanal. »Greift zu!«, fordert sie uns auf und nimmt zwischen mir und Papa Platz.

Er schaut abwechselnd zu meiner Mutter und mir.

»Freunde haben ist wichtig in deinem Alter, vor allem männliche Freunde, aber ...«

»Was aber, Papa?« Ich halte sein Gerede nicht mehr aus!

»Kartoffeln?« Mutter reicht mir die Schüssel. Die hellgelben Knollen sind noch ganz heiß, der Dampf vernebelt meinen Blick.

»Na ja, es würde mich nicht so sehr glücklich machen, wenn du …«, so kenne ich Papa nicht, er ringt nach Worten, gar nicht so manager-like wie es sonst seine Art ist, er zermatscht seine Kartoffel im Teller, er sucht den Blick der Mutter, jetzt schaut er mich direkt an, »na, wenn du … schwul wärst!«, sagt er und stopft sich eine halbe Kartoffel in den Mund.

»Schwul! Ich?« Ich raste aus. Die Gabel fällt mir aus der Hand auf den Tisch. Was hat er da gesagt? Meint er das ernst?

»Eier?« Sie reicht mir die Schüssel mit den halbierten Eiern. Meine Nerven liegen blank. »Sie sind von glücklichen Hühnern!«, sagt sie anerkennend.

»Wir hatten schon in Berlin darüber gesprochen, deine Mutter und ich«, mit vollem Mund spricht er sonst nie, »sie versucht mich schon seit Wochen davon zu überzeugen, dass es in Ordnung ist …«

»Ist sie nicht erfrischend?« Mama ist ganz angetan von der Grünen Soße. Hört sie gar nicht zu, was Papa von sich gibt?

»Sei schwul, sei bi oder doch hetero!« Hat das eben meine Mutter gesagt? »Ganz wie du möchtest, Jonas!« Oh – mein – Gott! Sie spricht tatsächlich darüber! »Mir ist das ganz gleich, solange du glücklich bist!« Ich möchte sofort im Erdboden versinken.

»Ich sehe es nicht so locker«, sagt Papa und legt sein Messer auf den Tellerrand.

Mama wendet sich an mich:

»Der Schritt, nach Kranichstein zu kommen, hat dich schwer mitgenommen. Aber anscheinend hast du hier gleich guten Anschluss gefunden und machst einen glücklichen Eindruck.« Sie schaut mich verständnisvoll an. »Das finde ich schön! Das bestätigt unsere Entscheidung.« Sie zwinkert mir zu und deutet auf meinen Teller: »Probier doch die Grüne Soße!«

»Ein Vater möchte einen Sohn haben, auf den er stolz ist.« Papas Stimme vom anderen Ende des Tisches klingt kalt.

»Schwul sein ist ja heutzutage auch normal!« Mama betont das ›auch‹ als wäre es selbstverständlich. »Solange du immer aufpasst, keinen Blödsinn machst, immer schön Kondome benutzt – wirklich lecker diese

Grüne Soße! – vertrauensvoll mit dir und deinen Bekanntschaften umgehst!« Sie redet und isst genüsslich. Wie sie das Wort ›Bekanntschaften‹ betont hat!

»Ich kann auf ihn stolz sein, wenn er einen guten Schulabschluss hat, eine Berufsausbildung hinter sich bringt, einen gut bezahlten Job ergattert und wenn er eine Familie gründet«, sagt Papa.

Es ist so, als würden die beiden zwei ganz verschiedene Gespräche mit mir führen. Mein Vater mit seinem ›Spießer-Programm‹ und meine Mutter mit ihrem ›Peace-Love-and-Happiness-Spleen‹. Manchmal denke ich, dass sie in den Sechzigern oder Siebzigern hätte erwachsen sein sollen. Sie hätte ein anderes Leben geführt, meine bunte, coole Mama.

»Und wenn du nach dem Abitur nach Berlin zurück möchtest, kannst du das ja auch tun. Dein Vater hatte dir ja schon in Berlin gesagt, dass sein Auftrag erst einmal auf fünf Jahre befristet ist.«

Mama ist die einzige am Tisch, die locker bleibt.

»Eine Familie! – du weißt schon, so wie wir – Vater, Mutter und Kind.« Papa scheint vertieft zu sein, er rührt in der Grünen Soße, zwischendrin blickt er mich immer wieder eindringlich an.

»Du machst dein Abitur und danach kannst du ein Jahr bei Oma wohnen. Oder alleine. Wie du willst.« Sie stopft sich die Kartoffel, die Eier und die Grüne Soße in den Mund, als würde sie nichts anderes kennen auf der Welt.

»Eine Familie, die du ernähren kannst!«, sagt Papa.

»Hauptsache, du bist glücklich!«, fügt Mama hinzu und mein Blick wendet sich vom einen zum anderen Gesicht.

»In Berlin gibt es ja auch sehr viel mehr Möglichkeiten, wenn man schwul ist«, Mama redet einfach weiter – denkt sie wirklich, dass ich schwul bin? – »Die größte Sorge von Eltern ist doch, dass das Kind mit vielen Problemen zu kämpfen hat, wenn es ›anders‹ ist. Und das möchten Eltern nicht!« Sie greift plötzlich nach meiner Hand. Ihre Augen strahlen mich an. »Ach, Jonas! Wir sind immer für dich da. Du kannst uns vertrauen!«, sagt sie mit grün verschmierten Lippen.

Dann wird es plötzlich ganz still am Tisch. Ich erschrecke bis ins Mark.

»So sehe ich das! Eine Familie!«, bricht es aus Papa plötzlich heraus.

Mama wendet sich ihm zu. Lässt meine Hand frei.

»Du alter Reaktionär, du Spießer!« Ihre Stimme klingt jetzt schrill.

»Wie bitte?«, ruft er verstört aus und fügt ein fragendes »Ich?« dazu.

»Du bist doch schließlich auch mit mir zusammen, mit der alten Kifferin, esoterisch, durchgeknallt!«

»Erzähl doch solche Dinge nicht vor dem Kind!«, schreit er sie an.

»Ich habe alles geschmissen, was ich begonnen habe, bin schwanger geworden, um nicht mehr in dieser beschissenen Firma zu arbeiten, in der du damals noch Abteilungsleiter warst«, sie wendet sich kurz zu mir, »nicht missverstehen, du warst ein Wunschkind und wir lieben dich«, dann schaut sie wieder meinen Vater an, »und dann habe ich mich jahrelang verleugnet, deinen Rat befolgt, bin Pharmaberaterin geworden – es war schrecklich, ich bin so froh, dass das endlich vorbei ist. Und jetzt leben wir mal mein Leben!« Sie hat sich in Rage geredet.

»Das mit der Pharmaberaterin war doch auch deine Entscheidung, dazu hat dich ja niemand gezwungen.«

Sie verdreht nur die Augen, ignoriert den Einwand.

»Wie kannst du mit mir zusammen sein, wenn du deinem Sohn so einen Bullshit erzählst?«

»Schatz, jetzt beruhige dich doch!« Seine Stimme wird weicher. »Liebes! …«, sein Blick wird unsicher, »erstens, der Job als Pharmaberaterin war doch eine große Chance, du konntest viel unterwegs sein, das hat dir doch auch Spaß bereitet, und du hast den Job jahrelang gut gemacht«, er versucht sie sanft zu berühren, »und zweitens haben wir in den letzten Monaten schon so oft darüber diskutiert!«, sagt er selbstsicher zu ihr.

Was passiert hier? Welcher Film läuft gerade vor mir ab?

»Diskutieren!«, ruft sie genervt, »immer wieder diskutieren! Und was machen wir jetzt?«

»Schatz, man kann ja ein bisschen Hippie sein«, sagt wieder Papa mit sanfter Stimme, »aber nicht schwul«, ruft er in den Raum hinein, »nicht HIV-positiv und …«

»Aber …«, möchte ich einwenden, doch meine wütende Mutter hört nicht auf mich.

»Was?«, ruft sie aus, »schon wieder diese Scheiße! Du bringst die Worte schwul und HIV-positiv immer in einem Satz, als wären alle Schwulen HIV-positiv!« Sie ist jetzt überaus verärgert und spricht erregt weiter, »zu deiner Information: Sind sie nicht! In Afrika sind viele Menschen HIV-positiv, aber nicht schwul!«

»Afrika!«, ruft Papa belustigt, »wir sind doch nicht in Afrika!«

»Eben! Das hat mit Verhütung, das hat was mit Kondomen zu tun!«, schreit sie sich die Seele aus dem Leib und schiebt genervt ihren Teller zur Seite. »Und wir vertrauen unserem Sohn!«, ergänzt sie, etwas nachdenklicher.

»Aber ich …«, beginne ich.

Doch ich bin hier jetzt nicht mehr wichtig. Sie streiten so, wie ich es noch nie bei ihnen mitgekriegt habe. Meine Mutter ist sonst eher harmoniesüchtig und mein Vater ist ja meistens gar nicht zuhause. Und wenn, dann überwiegt sein Leistungsdenken und sein Weltbild, welches besagt: Gestritten wird nicht, in einer richtigen Ehe schon gar nicht! Doch an diesem Punkt waren sie sich wohl noch nie einig, wenn sie doch – angeblich – schon so lange darüber reden. Aber wieso wissen sie es schon seit Monaten und diskutieren darüber, wenn ich es doch noch nicht einmal selbst weiß? Was macht mich in den Augen der anderen so schwul? Was ist mit mir? Was stimmt nicht? Was ist falsch? Ich verstehe das alles nicht mehr.

Traurig gehe ich in mein Zimmer. Ich weiß nicht mehr, was ich denken soll – warum streiten sich meine Eltern? Was passiert, wenn der Streit nicht aufhört? Und wie schrecklich, dass *ich* der Grund sein soll! Ich habe doch überhaupt nichts gemacht! Was soll dass alles? Ich lege eine CD von der isländischen Band Sigur Rós ein, die mir mein Musiklehrer aus der alten Schule in Berlin empfohlen hatte, »Lieder für die schwermütigen Momente des Lebens« nannte er das. Musik aus anderen Sphären, elektronische Klangteppiche, die Stimme des Sängers leicht weinerlich, alle Last der Welt trägt er und singt über das Elend auf unserer Erde, über das Krankwerden, Liebesleiden, Sterben. Ich beginne zu weinen und kann nicht mehr aufhören.

Meine Mutter klopft an.

»Ich wusste, dass es mal zu einem heftigen Krach kommen würde, nachdem wir schon seit Wochen diskutieren.« Sie betritt langsam mein Zimmer, ihre Stimme klingt müde.

»»Schon seit Wochen diskutieren?««, wiederhole ich. »Worüber diskutiert ihr denn?«

»Na, über dein Schwulsein.«

»Was? Was wollt ihr von mir?«, es regt mich auf, »ich schwul? Ich bin nicht schwul!«

»Fabian … jetzt Danny …«, ein kleines Lächeln huscht über ihr Gesicht. Sie bleibt cool.

»Danny ist nicht mein Freund. Und Fabi war auch nicht mein Freund. Das sind beides meine Kumpel«, rufe ich wütend aus.

»Was sagen denn deine Freunde?« Das macht mich aggressiv, sie redet gerade mit ihrer Stimme, die sie immer benutzte, als ich noch jünger war, ein Kleinkind. Ich bin doch kein Kleinkind mehr!

»Ach Mama!« Ich kann die Tränen nicht mehr aufhalten, sie nimmt mich in ihre Arme »Sie glauben, dass ich schwul bin«, ich schluchze, »aber bin ich das wirklich? Ich habe keine Ahnung.« Ich habe mich seit langem nicht mehr an ihren Schultern ausgeweint, seit meiner Kindheit. »Ich weiß nur, dass jeder ständig davon anfängt! Und das wundert mich.« Sie streichelt mich am Rücken. »Und langsam frage ich mich, warum jeder möchte, dass ich schwul bin.«

»Ich möchte nur, dass du glücklich bist, Jonas«, sagt sie zärtlich, »du hast mir schließlich noch nie etwas von Mädchen erzählt.«

Ich rücke von ihr ab.

»Sie scheinen dich nicht zu interessieren.«

»Mama!«, rufe ich empört und schäme mich zugleich.

»Jonas! Du bist so glücklich, wenn du mit Danny im Bett liegst und Musik hörst, so wie du glücklich warst, als du noch deine Zeit mit Fabian verbracht hast.« Das hat sie alles beobachtet? »Auf der einen Seite finde ich das schon normal, aber andererseits ist es etwas ungewöhnlich.«

»Was ist ungewöhnlich?«

»Du ziehst dich so hübsch an!«, sagt sie und zeigt auf die Klamotten, die ich gerade trage, »vergleiche dich doch mal mit Danny, mit seinen schwarzen Klamotten, immer leicht ungepflegt erscheinend. Und du – schau dich an! – du bist bunt, immer passt alles zusammen, deine Haare sitzen, du siehst immer perfekt aus.«

»Ich dachte, du findest meine Outfits verratzt.«

»Blödsinn, ich ziehe dich doch nur auf mit solchen Sachen. Ich habe einen wundervollen Sohn, der sich anzieht wie ein Bravo-Star, auf den alle Mädels fliegen – und Jungs«, zwinkert sie mir zu.

Sie umarmt mich wieder und ich weine weiter wie ein Schoßhündchen.

»Übrigens hast du ›das‹ von mir, dieses Stylish-Sein, dieses Anders-Sein, nicht so langweilig wie die anderen« Ihre Stimme klingt stolz. »Wir sind anders und fühlen uns gut dabei!« Sie gibt mir einen zarten Kuss auf die Wange. »Lass deinen Vater sich ruhig in seinem Spießerdasein suhlen. Er ist ein guter Mensch, er meint das alles nicht so!«

»Ich möchte nicht, dass ihr Streit wegen mir habt.«

Wir hören, wie mein Vater die Tür knallen lässt, von draußen.

»Ach, er muss sich abregen«, sagt sie. »Das wird schon, Jonas, mach dir keine Sorgen. Alles ist gut mit dir. Er wird sich beruhigen. Lass ihm Zeit.«

Hier wird überall so getan, als ob ich schwul sei, dabei bin ich mir noch nicht einmal selbst sicher. Merkwürdig. Seitdem ich in Kranichstein wohne, führe ich solche Gespräche. Mit Danny, mit Aris, vorhin mit Fabi, jetzt mit meinen Eltern.

Ich schaue sie verwirrt an.

Doch sie findet die richtigen Worte, den passenden Ton, das Verständnis für meine Situation. Sie hat Bücher gelesen, sich den Kopf darüber zerbrochen, dass nun alles in Kranichstein passiere, denn hier sei nicht das weltoffene Berlin.

»»Der Bub ist gut, so wie er ist!‹ sagt deine Omama immer.«

»Sagt sie?«, frage ich irritiert nach.

Jetzt bin ich wirklich überrascht. Sie denkt das auch? Meine Omama? Sie reden alle über mich, haben Ahnungen und wissen angeblich noch vor mir Bescheid, was mit mir los ist. Oh Mann! Das kann doch alles gar nicht wahr sein!

»Wirke ich so schwul, dass alle Welt weiß …«, rufe ich erschreckt.

»Jonas, du warst immer schon anders. Das ist eben so. Es ist, wie es ist. Wir lieben dich, so wie du bist.«

»Und Papa?«

»Du bist sein einziges Kind, sein einziger Sohn. Er möchte doch auch nur das Beste für dich!«

»Er wird es nie akzeptieren!«

»Jonas!« Sie schaut mich nun an, wie sie mich noch nie vorher angeschaut hat, so eindringlich, so ernst und so, als ob ich erwachsen wäre, »du musst es zuerst akzeptieren, du allein!«

Eine unbeschreibliche Angst vor der Zukunft überrollt mich.

»Und er?«

»Er hat eben genaue Vorstellungen, wie sein Sohn leben sollte. Aber schau mal, er ist doch mit mir zusammen, ich bin doch auch ›anders‹, und er hält es seit Jahren mit mir aus. Seit Jahrzehnten!«

»Aber was ist mit dir? Hast du auch solche Vorstellungen wie Papa?«

»Ich? Du kennst mich doch. Mach dir keine Sorgen, Schatz, dein Vater kriegt sich wieder ein. Kümmere dich um dich selbst.«

»Danny hat ein Date mit Giovanna.« Warum sage ich das jetzt? So als wäre es von Bedeutung, als würde es mich so verletzen, dass ich es loswerden müsste.

»Tut es dir weh, dass er sich mit einem Mädchen trifft?«

»Mh. Nein. Doch. Ich bin eifersüchtig. Aber nicht so. Also, ich meine, ich habe keine Ahnung.«

»Habt ihr schon miteinander gesprochen? Ruf ihn doch an.« Sie wischt meine Tränen aus dem Gesicht, küsst mich zärtlich auf die Wange, steht auf. »Ich hab dich lieb«, sagt sie ganz sanft, »du kannst immer mit mir reden, egal, um was es geht.«

Danny sprudelt am Telefon über vor guter Laune, er erzählt mir alles über das Treffen mit Giovanna.

»Das liegt alles an dir, Jonas!«, schreit er in den Hörer.

»An mir? Wieso das denn?«, frage ich verwirrt.

»Sie glaubt, dass du und ich ineinander verliebt sind. Das spornt sie nun an. Sie möchte einen Mann aus mir machen«, sagt er lachend. Als ich nichts antworte, erzählt er vergnügt weiter. »Sie wollte sogar, dass ich es mal mit ihr ausprobiere, küssen und fummeln.« Er kriegt sich nicht mehr ein.

Ich finde es nicht lustig. Oh nein, nein, das kann doch alles nicht sein. Mein Vater geht am späten Abend alleine weg, meine Mutter wird auf der Couch schlafen, Fabi hat eine Freundin, Danny jetzt auch.

»Ich komme vorbei«, sagt er ganz aufgekratzt.

»Nein«, sage ich, vielleicht etwas zu laut.

»Was ist denn los mit dir?«

»Nichts!« Ich weiß nicht, was ich sagen soll. Ich schweige ihn an. Ich sollte mich mit ihm freuen, kann es aber nicht.

Erst einmal muss ich jetzt mit Omama reden, die ich gerade so sehr vermisse. Ich rufe sie an und erzähle ihr von dem Streit meiner Eltern.

»Ich weiß, sie streiten sich schon länger wegen dir«, sagt sie wütend. »Aber dein Vater wird sich wieder einkriegen. Hab keine Angst!«, meint sie nun etwas sanfter.

»Aber …«, ich schluchze, »glaubst du auch, dass ich schwul bin?«

»Junge, du bist gut, wie du bist! Lass dich nicht verrückt machen.« Ihre Stimme beruhigt mich. »Wen interessiert, ob du Mädchen oder Jungs magst? Du bist ein toller Kerl, das ist das Wichtigste!« Ich höre ihr warmes Lachen. »Deine Eltern lieben dich. Dein Vater ist stolz auf dich, das hat er oft genug gesagt. Und deine Mutter vergöttert dich.«

Ich mag ihre flammende Stimme, die mich tief in mir drin auch warm werden lässt. Sie kann zu anderen Menschen kalt und abweisend sein mit ihrer Berliner Schnauze – die Nachbarn gegenüber macht sie manchmal richtig rund und die Jungs-WG von obendrüber kriegen von ihr regelmäßig Saures, wenn die zu laut Musik hören. Selbst meinen Vater steckt sie in die Tasche, und den kann sonst niemand so leicht zum Schweigen bringen.

Danny. Giovanna. Scheiße!

Ich lege mich aufs Bett und höre alle meine Lieblings-CDs an, die ganze Palette der New Hippie Musik, auch Iron & Wine, die wieder mehr den Fleet Foxes ähneln als MGMT. Ich denke über alles nach, was heute passiert ist, was gesagt wurde, was die anderen über mich denken und Wuffi liegt unter meiner Decke, ganz nah bei mir.

Am nächsten Morgen kriege ich schon um halb sieben eine Kurznachricht von Danny, der sich mit mir noch vor der Schule verabreden möchte. Als er an der Eingangstür steht, umarme ich ihn unsicher. Er drückt mich fest an sich und streichelt meinen Rücken, das tut gut.

Es sprudelt aus ihm heraus – so kenne ich ihn gar nicht, sonst bin ich der Quatschkopp. Irgendwie gefällt mir das, auch wenn das, was er sagt, mich eher eifersüchtig macht. Er erzählt alle Einzelheiten vom gestrigen Abend, wie Giovanna ganz offensiv mit ihm zu flirten begann – wohl unsicher, wie sehr sie Gas geben musste aus Nichtwissen darüber ob sie tatsächlich einen schwulen Jungen vor sich habe oder nicht. Dann gibt er ihr absurdes Gespräch wieder, wie sie anfangs rumdruckst und nicht weiß, wie sie ihren Verdacht ausdrücken soll, dass er und ich ein Paar sind. Und ihre Ungläubigkeit, als er versuchte zu erklären, dass er hetero sei und sie ihm gefalle. Wie sie ihn aufgefordert habe, sie zu berühren, sie zu küssen.

In diesem Moment wird mir alles zu viel, ich beginne zu weinen. Danny ist überfordert und weiß nicht, was er machen soll. Mehrmals fragt er mich, was denn los sei.

»Das fragst du noch?«, brülle ich ihn an, aber schon im nächsten Moment lasse ich mich in seine Arme fallen. Als er mich erneut fragt, werde ich plötzlich wütend, ohne zu wissen warum. Er schaut mich mit weit aufgerissenen Augen an. Es ist mir unmöglich, etwas zu sagen. Ihm fällt auch nichts mehr ein. Wir schauen beide weg. Danny scheint über etwas nachzudenken.

»Nur einmal sage ich dir das«, sagt Danny mit ernster Miene. »Ich mag dich. Möchte meine Zeit mit dir verbringen. Fühle mich wohl bei dir. Wir sind wie Brüder«, betont er. Er habe immer so einen Bruder haben wollen wie mich. Mit Aaron sei es nie so gewesen, auch mit anderen Freunden nicht. Er werde weiterhin oft bei mir sein, wenn er das dürfe. Mit Giovanna – das sei etwas anderes. Er sei hetero, er wolle mit ihr knutschen und Sex haben. So sei das! Er nimmt mich in den Arm und flüstert: »Bruder, ich hab dich sehr gerne.«

Das tut gut, so gut. Es beruhigt mich. Danny räuspert sich.

»Darf ich dich etwas fragen, Jonas?«

»Was denn?«

»Ich habe dich die letzten paar Tage doch immer mit dem Schwulsein aufgezogen. Ich meine, ich wollte dich nicht ärgern, ich wollte …«, er kratzt sich am Hinterkopf, wirkt unsicher, »ich wollte dir helfen … ich mag dich so sehr und wollte dir einfach zeigen, dass es okay ist, wenn du … schwul bist. Bist du es denn?« Sein Blick ist ernst.

»Ich weiß es doch nicht!«

»Denkst du beim Wichsen an Mädels oder an Jungs?«

»Mh. Ich weiß nicht. Also, bisher … ich habe diese Träume, verdammt!«

»Welche Träume?«

»Von Jungs eben, von diesem einen Jungen!«

»Was machst du mit diesem Jungen?«

»Mh …«

»Okayyy.«

»Na, vielleicht bin ich ja schwul.«

»Jonas! Es ist in Ordnung, Mensch!«, sagt er verständnisvoll.

»Ja?«

»Ja!«

»Nimmst du mich noch einmal in die Arme?« Ich schaue ihn fragend an.

»Klar, mein Bruder.« Er umarmt mich wieder, ganz lange, ich fühle mich wohl, ich bin glücklich. Dann löst er sich von mir, schaut mich an.

»Wann wirst du Giovanna wiedersehen?«

»Morgen, im Kino«, sagt er.

Obwohl sich in der Schule nichts verändert hat, habe ich das Gefühl, dass mich die Mitschüler mit anderen Augen anschauen. Vor allem schaue ich sie anders an. Mohammed zum Beispiel, der gar nicht Mohammed heißt: Ich finde ihn hübsch, deswegen mag ich ihn. Das hätte ich noch vor kurzer Zeit nicht für möglich gehalten – einen Jungen einfach hübsch zu finden – es zu bemerken, als wäre es das Normalste auf der Welt – noch dazu jemanden, der so anders als ich ist, der einer völlig anderen Kultur angehört.

Nach der Schule kommt Danny mit mir nach Hause, so wie in der Vorwoche; doch es ist irgendwie angespannt zwischen uns. Abends kriege ich einen Stich im Herzen, wie ein Dolch, der durchgestoßen wird, keine Ahnung, ich finde das Gefühl einfach nur schlimm. Als er zu Giovanna geht, ist es wie ein Abschied, obwohl wir uns am nächsten Tag wiedersehen werden. Alleine weine ich so lange, bis keine Tränen mehr aus mir herauskommen möchten, und dann geht es mir merkwürdigerweise gut. So gut, dass ich lesen kann. Nach einer Weile jedoch fühle ich mich einsam, rufe Fabi an, der mir ganz aufgeregt erzählt, dass er am Wochenende das erste Mal bei Sabrina übernachten werde: Sie habe sturmfrei, und ich könne mir ja vorstellen, was da passierte. Wieder dieser Dolchstoß durch mein Herz. Dabei sollte ich mich freuen für Fabi. Kann ich aber nicht! Scheiße!

Ich schaue auf mein Handy. Meine Mama: ›Jonas, alles ist wieder gut. Gehen zusammen essen, dein Vater und ich. Kommen um zehn Uhr.‹ Meine crazy Mum, die immer wieder erwähnt, dass sie quasi das Mobiltelefon erfunden habe, dass sie so ziemlich als erste in Deutschland eines hatte, ihre Geschäfte damit abgewickelt habe und auch deswegen immer einen Schritt voraus gewesen sei.

Kurz nach zehn stehen meine Eltern bei mir vor der Tür. Vermutlich ist es meine Mama, die klopft, denn mein Vater hätte mehr Power eingesetzt, wie ich ihn kenne. Er schaut mich mit so viel Zärtlichkeit im Blick an, wie ich es noch nie wahrgenommen habe, und denke, dass es vielleicht doch er war, der geklopft hat.

»Manchmal weiß ich nicht, wie ich mit euch beiden umgehen soll, wirklich.« Er ist unsicher, ihm fehlen die richtigen Worte, so etwas hatte es früher nie gegeben. »Da macht deine Mutter so viel Wind. Dann du …« Er blinzelt mehrmals. Schaut mich an. Unruhig, unsicher. »Ich möchte dich und deine Mutter um eine Art Waffenstillstand bitten. Deine Mama hat eingewilligt. Du auch?«

»Was meinst du denn mit Waffenstillstand?«, ich weiß gerade gar nicht, was er von mir will, »sind wir denn im Krieg?«, frage ich ihn entsetzt.

»Nein! Es ist einfach schwer für mich. Vielleicht wird es ja irgendwann normal.«

»Mh …«, mache ich und rätsele nach wie vor, worauf er hinaus möchte.

»Also, du weißt schon … ich meine dein Schwulsein. Reden wir nicht drüber! Frieden?«

»Frieden, ja …« Ich bin verwirrt, frage mich, was das soll. Offensichtlich ist es eine Entschuldigung. Und das ist gut.

Die ganze Zeit hatten sie am Türrahmen gestanden, beide. Mein Vater kommt auf mich zu, umarmt mich nicht, nein, er gibt mir männlich die Hand. Flüsternd wünscht er mir eine gute Nacht. Er geht an meiner Mama vorbei, ihr zunickend, »in fünf Minuten sehen wir uns oben«, lächelnd sagt er das, sie schaut ihn liebevoll an, nickt zurück.

»Schritt für Schritt, Jonas. Das ist schon sehr viel, was er heute geleistet hat.« Sie strahlt siegessicher über das ganze Gesicht und ich weiß, dass sie schwer gekämpft hat, um ihn zu überzeugen – und ihr Ziel erreicht hat.

»Ja, er ist gleich zwei Schritte auf mich zugegangen.«

»Ich freue mich, dass du das auch so sehen kannst. Ich wünsche dir eine gute Nacht. Träum schön.« Sie kommt auf mich zu, umarmt mich, gibt mir einen Kuss auf die Wange.

Ich fühle mich von ihr verstanden und geliebt und weiß, dass meine Omama recht hatte: Meine Mama vergöttert mich. Das ist ein tolles Gefühl.

Ich finde keinen Schlaf, zu viele Gedanken rasen mir durch den Kopf. Die Würfel sind gefallen. Alle glauben, dass ich schwul bin, also bin ich es. Oder? Ich logge mich ins Internet ein, suche, finde und schaue mir Schwulenpornos an, um herauszufinden, ob es mich anmacht. Und es tut es. Unglaublich, mich machen Jungs an! Keine behaarten Männer, aber muskulöse achtzehnjährige Jungs, die sich nackt räkeln, miteinander Sex haben – das finde ich erregend, unfassbar, einfach unfassbar und frage mich warum ich erst jetzt diesen Schritt mache. Ich höre Clueso. Auch den finde ich sehr hübsch. Ich fühle mich verändert, das merke ich ganz deutlich. Ich bin ein ganz anderer Jonas. »Männer gefallen mir«, flüstere ich in der Dunkelheit des Raumes. Und das erschreckt mich plötzlich nicht mehr.

In der Schule bin ich stark abgelenkt, nachmittags hänge ich mit Danny ab. Wenn er sich abends mit Giovanna trifft, versuche ich zu lesen, gute Laune zu kriegen und schöne neue Musik zu youtuben. Nachdem mir Mama das ›Intro‹ mitgebracht hat – eine Zeitschrift, in der Berichte und Besprechungen über Indie-Alternative-Musiker abgedruckt sind – suche ich im Internet nach den Tipps darin, um auf dem Laufenden zu bleiben. Meine Mitschüler in Kranichstein hören ja nur Hiphop-Scheiße.

»Warst du schon bei Aris?«, fragt mich Danny am Donnerstagmorgen, seine Stimme klingt besorgt.

»Wieso?«

»Geh einfach hin!«, sagt er beharrlich.

Ich kriege den Verdacht nicht los, dass er mit Giovanna verabredet ist und werfe ihm einen enttäuschten Blick zu.

»Ich bring heute Abend eine DVD mit. Kennst du den Film ›Juno‹?« Er knufft mich liebevoll. »Er wird dir gefallen.«

Ich fühle mich seltsam. Bin ich anders als der Rest der Welt? Rede ich anders als sie? Esse ich andere Dinge als sie? Trage ich andere Klamotten? Höre ich andere Musik? – Ja! Ja und wieder Ja! Verdammt! Was habe ich denn überhaupt mit ihnen gemein?

»Kommst du heute mit Fußball spielen?« Mohammed, der gar nicht Mohammed heißt, hatte mich in den letzten Tagen schon öfter angesprochen, war immer sehr nett zu mir, obwohl der kleine Anas sehr verwundert deswegen schaute.

»Du findest ihn doch süß, spiel doch mit!« Danny neckt mich, und aus Trotz mache ich das tatsächlich.

Mohammed, der nicht Mohammed heißt, muss immer über mich lachen – nicht gehässig, eher erstaunt – wie technisch unversiert man doch spielen kann. Ständig stolpere ich über den Ball, lasse mich von ihm austricksen, und Anas, der mich niemals leiden können wird, weil ich ihm gleich am ersten Tag gezeigt habe, dass ich der Stärkere bin, will mich deswegen fertig machen. Aber dann steigt Ismet ein, der ungefähr so gut wie Mohammed, der nicht Mohammed heißt, spielt und noch dazu sein Erzfeind ist. Der will mich gut und den anderen schlecht dastehen lassen. Bei jeder Gelegenheit passt er mir den Ball so, dass ich ein Tor machen oder dem Anas durch die Beine spielen kann. Das ärgert den Kleinen mächtig, Mohammed findet es eher witzig, möchte aber nicht verlieren. Ismet klatscht mich dauernd ab und freut sich. Er gibt vor den beiden an, dass er das Teamplay beherrsche, anders als sie, die Marokks, die immer nur durch Einzelaktionen glänzen und selten die Mannschaftskameraden brillieren lassen, was ja der Sinn des Spiels sein sollte. »Mit gelungenem Passspiel könne auch so ein untalentierter Jonas sie düpieren«, sagt Ismet – ›düpieren‹, ein Wort, dass er wohl in der Sportschau aufgeschnappt hat.

Überhaupt ist es überraschend, wie die Kranichsteiner Jungs sich plötzlich ausdrücken können, wenn es um Fußball oder Handys geht. Sonst können sie kaum einen geraden Satz sagen, aber die Bedienungsanleitung eines Mobiltelefons oder einer Playstation können sie in einwandfreiem Deutsch wiedergeben.

Ich denke über den Begriff ›untalentiert‹ nach. Danke! Ich muss lächeln – untalentiert bin ich also. Dafür, dass ich Fußball nicht mag, fand ich mich gut. Das muss auch Danny mir zugestehen. Trotzdem zieht er mich den ganzen Reli-Unterricht über auf: »Ich habe gleich gemerkt, dass du ein Auge auf Mohammed geworfen hast!«

»Ach ja?«

»Der ist ja auch süß für so einen Maghreb, und so sportlich!«

»Blablablabla … wenn du nicht gleich aufhörst, mich dumm von der Seite anzumachen, werde ich dich vor Giovannas Augen küssen!«

»Das hättest du wohl gerne!« Danny lacht mich weiter aus, bis die Lehrerin ihn doof anschaut und ermahnt.

Ich muss unbedingt ein paar Aufhänger finden, um mich auch über ihn lustig machen zu können. Immer bin ich derjenige, über den gelacht wird. Danny darf das, er weiß, weil ich ihm vertraue, und weil ich mir sicher bin, dass er mich respektiert und akzeptiert wie ich bin. Ich habe das Gefühl, dass er mir nur helfen möchte mit den Blödeleien, damit ich mein Schwulsein locker nehme, und mir zeigen möchte, dass er es genauso locker nimmt.

Mir ist ein wenig mulmig zumute, als ich die Treppe zur Schulsozialarbeit hochgehe – zum ersten Mal alleine bei Aris. Ich weiß nicht, was ich ihm sagen soll. Es ist nicht so, dass es die Sache leichter macht, mit ihm einen ›Gleichgesinnten‹ vor mir zu haben. Er ist ein erwachsener Mann, der mir sympathisch ist, den ich aber kaum kenne.

Aris und ich sitzen auf dem Geländer, schauen auf die Straße und den Bürgersteig. Etliche Schüler der EKS laufen an uns vorbei.

»Hast du wirklich keine Probleme als Schwuler in Kranichstein und an dieser Schule?«, frage ich ihn noch immer schüchtern.

»Es gibt sicherlich Eltern, die damit nicht umgehen können. Die Lehrer sind vielleicht das größte Problem. Dabei sollte sie meine Sexualität nicht interessieren.«

»Die Kranichsteiner Jugendlichen können damit umgehen?«

»Jonas, ein Freund von mir kommt aus Ägypten. Er hat mir erzählt, wie es dort den Schwulen ergeht. Sie sind fast nie geoutet. Weil sie sonst ausgestoßen werden. Keiner würde mehr mit ihnen sprechen, weder in der Arbeit, noch im Freundeskreis noch in der Familie. Dagegen sehe man im Touri-Ort Sharm El-Sheikh oft Schwule in der Disko miteinander tanzen und knutschen. Doch das seien Ausländer, keine Ägypter, als Ausländer dürften die das. Weil sie keine Muslime sind.«

»Mh ... und du bist kein Kranichsteiner. Und bist keiner von den Gangstern ...«

»Nein, bin ich nicht. Ich habe zwar einen griechischen Hintergrund und bin ihnen deswegen nah, als Ausländer. Aber ich habe Abitur und einen Studienabschluss. Was glaubst du, wie es einem Kranichsteiner Jungen ginge, der aus Marokko kommt und sich hier an der EKS outet?« Er runzelt leicht die Stirn.

»Woran hast du gemerkt, dass du schwul bist?«, frage ich und hoffe, nicht zu interessiert zu wirken, zu übereifrig.

»Eigentlich gab es in der Grundschule die ersten Anzeichen, in der vierten Klasse. Bei unserem Austausch mit den Franzosen fand ich einen Jungen so ›sympathisch‹. Später fiel mir auf, dass ich mich nie in Mädchen verliebte. Ich lernte einen Jungen im Badminton-Verein kennen. Den habe ich dauernd beobachtet. Zuerst dachte ich, es sei eine Phase. Aber dann dachte ich irgendwann: Das kann nicht normal sein, ich verehre ihn! Ich musste mir also irgendwann eingestehen: Ich stehe auf Jungs!«

»Woran merkt man, dass man verliebt ist?«

»Dieses Kribbeln im Bauch, das man nie mehr vergisst, als ob da im Magen der Teufel los ist, dieses Kribbeln im Bauch kennst du doch auch, wenn man glaubt, fast überzuschäumen vor Glück, dieses Kribbeln im Bauch, das man nie mehr vergisst, wie wenn man zuviel Brausestäbchen isst ...« singt Aris und ich kann es gar nicht fassen, wie er drauf ist.

»Was ist dieses Kribbeln?«

»Man denkt ständig an den anderen und hat so ein mulmiges Gefühl im Magen, fast so, als müsste man sich übergeben.«

Ich schaue ihn zweifelnd an, er schmunzelt.

»Aber es ist schön, dieses Gefühl, nicht wie bei einer wirklichen Übelkeit. Man hofft dauernd, dass der andere Zeit für einen hat und ist ganz aufgeregt, wenn man ihn sieht. Man hält es kaum aus ohne ihn, es tut körperlich weh, von ihm entfernt zu sein. Man möchte den anderen berühren, ihn fühlen, ihn kuscheln, küssen. Alles wird leicht, man schwebt.« Er schaut dabei etwas verträumt. Ich mag ihn.

»Ich war es noch nicht. Ich weiß nicht, was ich denken, was ich fühlen soll. Alle scheinen sich schon sicher zu sein, dass ich schwul bin: Fabi, Danny, meine Eltern, meine Omama. Und keiner scheint so richtig damit Probleme zu haben ...«

»Du bist ein liebenswerter, sensibler Junge, den einige Menschen richtig lieb haben. Sie nehmen dich so wie du bist! Sei glücklich darüber!«

»Mh, aber was ist, wenn ich schwul bin? Was soll ich tun? Abwarten? Oder irgendwas unternehmen?«

»Lies mal ›Die Mitte der Welt‹, Jonas! Es ist ein großartiger Jugendroman von Andreas Steinhöfel.«

Wir sitzen noch eine Weile zusammen, trinken Kaffee und reden über Musik. Dann gehe ich in die Stadt, um mir das Buch zu kaufen.

Vor 51 Tagen und Nächten
... Er

Freitagmorgen, am Abend soll die Party steigen. Alle sind schon seit Tagen richtig aufgekratzt. Die Mädchen reden die ganze Zeit über Klamotten, die Jungs darüber, was sie alles treiben werden und wie ›geil‹ das alles wird. Überraschenderweise lädt mich Shad M. zu sich nach Hause ein.

Nach einer Pizza zum Mittagessen fange ich an, das Buch zu lesen. Ich fühle mich entspannt und fast selig dabei. Diese Geschichte betrifft mich. Mit Phil kann ich mich identifizieren, und seine Mutter liebe ich.

»Du bist bei einem Mitschüler mit Migrationshintergrund eingeladen!«, sagt Mama am Telefon aufgeregt. Sie findet es wundervoll, ist ganz stolz auf mich, nennt mich integriert, lobt mich für meine offene Art und befiehlt mir, unbedingt ein Gastgeschenk mitzunehmen.

»Wie bitte?!«

»Das ist Tradition in orientalischen Ländern!«, meint sie, und für solche Fälle habe sie etwas in der Vitrine. Ich soll daraus ein Armband aussuchen und der Mutter einen Gruß von ihr ausrichten.

Ich weiß nicht, ob das eine gute Idee ist, gehe in unser Wohnzimmer, vollgestellt mit antiken Möbeln, Vitrinen mit Schmuck darin, Nippes, Kaffeeservices, einer alten Musikkommode mit Plattenspieler und einer schönen Plattensammlung, Janis Joplin, Joni Mitchell, Joan Baez – »Das gehört sich für eine Frau, die in der falschen Epoche lebt mit alten Ledersofas und Erbstücken«, sagt meine Mutter. Es ist kein Geheimnis, dass mein Vater all dies gerne gegen sterile schwarzen Ledermöbel, Glasschränke und anthrazitfarbene glänzende Kommoden austauschen würde. Als wir am Mittwochabend wieder zusammen aßen, eröffnete er mir, dass er mir gerne einen Kurs spendieren möchte. Etwas Kreatives, Literatur oder Theater. Ich solle mich informieren.

Ich nehme aus der Vitrine ein Armband mit kleinen, blauen und grünen, transparent wirkenden Steinen. Ich stecke auch einen Flyer von

Mamas Laden ein und kurz darauf stehe ich an der Eingangstüre eines Plattenbaus. Um mich herum wuseln viele kleine Kinder, die fremdländisch aussehen. Auf den Schildern stehen Namen, deren Herkunft ich nicht erraten könnte.

Ungewohnte Gerüche dringen im Treppenhaus in meine Nase, eine Mischung von Curry, Knoblauch, Zwiebeln, Fleisch. Ich laufe an den Wohnungstüren vorbei und höre lautes Geplärre. Eine fremde Welt für mich. Auch vor der Türe von Shad M.s Familie geht es mir so. Irgendwie fühlt es sich wie in einem anderen Land an, diese ausgetretenen Schuhe vor den Türen, die fremden Sprachen, die aus den Wohnungen dringen, die Klamotten, die die Leute tragen, die mir entgegen kommen.

Eine leicht übergewichtige Frau öffnet mir. Sie ist gut angezogen, sehr bunt; ich bin erstaunt, dass sie kein Kopftuch trägt, dafür viel Schmuck, goldene Armreife am einen, ein goldenes Armband mit rotem Stein am anderen Handgelenk. Ich nehme das Armband meiner Mama heraus und drücke es ihr verschämt in die Hand.

»Von meiner Mutter«, sage ich schüchtern, »sie schickt Ihnen viele Grüße.«

Die Frau schaut mich etwas befremdet an. Ich gebe ihr einen Flyer.

»Komm herein. Armband ist schön. Ich muss deine Mutter in Laden besuchen.«

Shad M. drückt mich zur Begrüßung, sagt dabei, wie sehr er sich freue, dass ich vorbei komme.

»Ja, sehr schön, du bist da!«, meint auch seine Mutter in ihrem liebenswerten Akzent.

Ich schaue mich in der Wohnung um. Viel zu kleine Zimmer mit viel zu vielen Menschen darin, Shad M. hat einen Bruder, noch einen Bruder, eine Schwester, noch einen Bruder, noch eine Schwester … sechs Geschwister? Ich werde ins Wohnzimmer geführt, alles ziemlich abgewetzt, viele orientalische Teppiche, Bilder mit Schriftzeichen, wahrscheinlich Koranverse. Kein Möbelstück passt hier zum anderen, am schlimmsten ist diese Eiche-rustikal-Fernsehschrankwand. Die Mutter redet auf mich ein, bietet mir einen starken Tee an, der sehr süß schmeckt; kein Wunder, ohne mich zu fragen, schmeißt die Frau zwei Zuckerstückchen ins Glas. Shad M. redet genauso viel, aus den anderen Zimmern dringen laute Geräusche.

Endlich alleine mit Shad, Suleyman und Elias, die mittlerweile auch da sind – regelmäßige Gäste, denn sie werden bei ihrer Ankunft von Shads Mutter umarmt. Wir quatschen rum wegen der Party. Es werden mir ganz viele Fragen über mein Leben in Berlin gestellt, wo ich dort gechillt habe und was wir unternommen haben, wenn wir einen draufmachen wollten. Mir kommt das alles ein bisschen vor wie in einem Roman oder Film von Hanif Kureishi, der viel über Inder und Pakistanis in London schreibt. Das ist so anders als mein Berlin, jedenfalls das Berlin, wie ich es erlebt habe. Dann kommt plötzlich Mohammed, der gar nicht Mohammed heißt, ins Zimmer spaziert. Er hat ein großes Gerät dabei – eine Wasserpfeife? – ich habe so etwas einmal im Fernsehen gesehen. Ich schaue Mohammed, der nicht Mohammed heißt, fragend an, der antwortet: »Das ist eine geile Shisha, oder?«

Shisha also. Sie erzählen ganz stolz vom Brauch des Shisha-Rauchens in ihrer Kultur und erklären mir ganz genau, wie man das macht, was man dazu braucht, wie man sie anzündet und raucht. Ich bin fasziniert davon. Unten ist ein gläsernes Behältnis, da wird Wasser hineingeschüttet. Davon geht ein Rohr nach oben, oben drauf ist eine Schale, in die Fruchttabak gelegt wird, darüber wird Alufolie gezogen, in die Löcher gepiekt werden, darüber Kohle gelegt und angezündet. Dann ein Schlauch mit einer Mundöffnung am Ende, an dem quasi der Rauch aus dem Wasser herausgezogen wird.

So sitzen wir da und rauchen. Sie machen es mir einfach. Auch Mohammed, der gar nicht Mohammed heißt, ist erneut so freundlich zu mir, dass es mir irgendwie gut geht. Vielleicht liegt es aber auch an der Shisha – das Rauchen entspannt mich, aber ganz anders als eine Zigarette. »Gechillt, oder?«, sagen die Jungs die ganze Zeit, und ich finde sie so herzlich und liebenswert und freue mich in Kranichstein zu sein, denn mir kommt es so vor, als gehörte ich jetzt dazu.

Danny holt mich am Abend ab.

»Ähm, du siehst nicht gerade ›Stylo-Mylo‹ aus!«, kommentiere ich.

»Bruderherz, leihst du mir bitte etwas aus? Ich habe nichts Schickes im Schrank.«

»Such dir was aus!«

»Kannst du das nicht für mich tun?«, erwidert er augenzwinkernd.

»Wieso ich?«, frage ich etwas irritiert.

»Ach, du bist doch schwul, du kannst so was besser!«

Er duckt sich schon vorsichtshalber, völlig zu Recht, weil ich tatsächlich versuche, ihm einen Schwinger zu versetzen. Dabei verliere ich das Gleichgewicht. Er fängt mich auf und sagt: »Gib mir einfach etwas, was mir stehen könnte und was du selbst nicht anziehen möchtest heute Abend.«

Ich öffne meinen Schrank, Danny staunt: »Boah, Bruderherz, das sind alles deine Klamotten? Du hast ungefähr … zehnmal so viele wie ich!«

Es macht mir Spaß, ihn einzukleiden. Ich beobachte ihn, wie er sich bis auf die Shorts auszieht. Er hat den gleichen Körperbau wie Fabi, leicht muskulös, die gleiche Augen- und auch Haarfarbe, eine ähnliche Frisur, die Lippen erinnern mich an ihn, nur die Nase ist ein bisschen unauffälliger. Und plötzlich bin ich ganz aufgeregt, nervös, möchte ihn am liebsten berühren, ich weiß gar nicht, was das soll, so war es mir bisher noch nie gegangen, aber jetzt, jetzt möchte ich ihn gerne an der Brust berühren, ihn am Bauch anfassen.

Er ist ein dunkler Typ und mir gefällt es, wie er die schwarze Röhrenjeans mit dem einfachen weißen Hemd und der schwarzen Samtkrawatte trägt. Er sieht zum Verlieben aus, finde ich. Finde ich? Ich schaue ihn mir genauer an. Er sieht gut aus und ich möchte endlich meine ersten Erfahrungen sammeln. Aber doch nicht mit ihm. Oder? Dieses Gefühl, was Aris beschrieben hat, das habe ich nicht. Danny habe ich lieb, er ist wie mein Bruder, aber mir wird nicht flau im Magen. Trotzdem macht der Anblick etwas mit mir. Ich finde ihn attraktiv, er merkt, dass ich ihn anstarre.

»Kommt Giovanna auch zu der Party?« Ich versuche abzulenken, ziehe jenes Outfit an, dass ich schon einmal in der Schule getragen hatte, das Shad M. so ›fit‹ fand: die hellblauen Chucks, zerrissene Jeans, ein weißes Hemd, lose heraushängend, und eine rosa Krawatte im 80er Style, ebenfalls lose umgebunden.

»Nein, da dürfen nur Leute aus unserer Schule kommen!«, sagt er und nickt anerkennend, so als ob er sagen möchte: Mit dir kann man sich sehen lassen.

Die Mädchen tragen fast ausschließlich Abendgarderobe, schwarze, eng-geschnittene Kleider mit Pailletten und Glitzer. Erinnert mich ein biss-chen an einen kultigen Teeniefilm aus den Neunzigern, den mir meine Mutter gezeigt hat, ›Clueless‹. Die Handlung von Jane Austens ›Emma‹ in das Beverly Hills jener Zeit verlegt – und nur weil es quasi eine Literatur-verfilmung ist, fand der Film Einlass in den Kanon meiner Mutter. Selbst die Kopftuch-Mädchen sehen sehr chic aus, natürlich tragen sie Tücher, sehr bunte, glänzende, aber auch Stöckelschuhe, schöne figurbetonte Oberteile und schwarze Hosen, manche sogar ähnliche Abendkleider wie die Mädchen ohne Kopftuch, allerdings zeigen sie nicht so viel Haut. Die Jungen sind nicht minder gut angezogen, selbst Mohammed, der über-haupt nicht Mohammed heißt. Er trägt ja sonst eher Sporthosen, auch in der Schule, doch heute trägt er einen schwarzen ›Konfirmanden-An-zug‹ und ein weißes Hemd. Es steht ihm, vor allem die Schuhe mag ich, sie glänzen und sehen teuer aus. Es überrascht mich, wie viele Lehrer da sind. Frau Wächter zwar nicht, aber dafür zwei Sportlehrerinnen, eine Referendarin und natürlich Aris. Dieser sieht wieder richtig gut aus heute Abend. Und mir ähnlich, wie immer. Auch er trägt seine hellblauen Chucks und dazu zerrissene Jeans, sein Hemd ist allerdings schwarz und seine Krawatte schwarz-grau, ebenfalls im 80er Style. Er steht mit einem Bier in der Hand bei Nico aus der Parallelklasse, einem kleinen süßen Typen. Als Aris mich sieht, zwinkert er mir zu. Danny kneift mich: »Na, siehst du, er ist verliebt in dich!«

Er prustet los. Ich finde es überhaupt nicht witzig. Mohammed, der überhaupt nicht so heißt, begrüßt mich nett mit einer Umarmung. Alle sind so schrecklich aufmerksam und höflich zueinander. Keiner wird ge-neckt. Jede und jeder wird von jeder und jedem begrüßt und mit netten Worten beehrt.

Ich gehe auf Aris zu.

»Sag mal, was geht denn hier fürn Film ab? Sind die immer so auf Partys?«

»Weil alle so schick sind? Das ist normal für sie. Sie kleiden sich so, als wären sie auf der Hochzeit von Verwandten. Und höflich sein gehört zur Etikette, egal, ob man sich mag oder nicht so sehr.«

Es läuft Hip Hop und R'n'B, überhaupt nicht meine Musik, ich finde sie auch untanzbar. Deswegen wundert mich auch nicht, dass die Tanzfläche leer ist. Doch Shad M. versucht, Stimmung zu machen, er kann Aris dazu animieren, auf die Tanzfläche zu gehen. Der tanzt ganz ausgelassen und zieht das eine oder andere Mädchen mit. Kurze Zeit später füllt sich die Tanzfläche. Aris ist wirklich toll. Er tanzt mit Dilara und geht ganz schön ab dabei. Shad M. reibt sich an ihm. Den Älteren irritiert das überhaupt nicht. Im Gegenteil: Er wechselt die Position, nimmt den Jungen in die Mitte und reibt sich seinerseits an ihm, während dieser eng umschlungen mit dem Mädchen tanzt. Das hätte es in unserer Schule in Berlin nicht gegeben. Wahnsinn. Mich überrascht dieses Kranichstein immer mehr.

Da steht er vor mir. Lässig an eine Wand gelehnt, auf die Tanzfläche starrend, in Gedanken versunken. Das ist er! Der Junge, von dem ich geträumt habe. Unglaublich! Wahnsinn! Es kann einfach nicht sein! Ich glaube, ich träume. Eine Erscheinung, die mich schnappatmen lässt. Diese mittellangen, dunklen Haare, die rehbraunen, schönen Augen, sein schmales Gesicht. Er ist genauso groß wie ich, Eins achtzig, schlank, sportlich, der Fußballer-Typ, mit seinen langen Wimpern, ein süßes verträumtes Lächeln auf den vollen Lippen. Mann, ist der schön! Ja, das ist er, der mit mir am Strand in einem Bett lag, nackt unter der Bettdecke. Der mich im Gebirge küsste. Der mich aus der Felsspalte rettete.

Ich starre ihn an, er bemerkt den Blick.

Er schaut mich an. Ich kann nicht deuten wie. Seine Augen strahlen, glaube ich. Freut er sich, mich zu sehen? Gefalle ich ihm? Aber diese Träume, die ich hatte, kann er ja nicht auch gehabt haben. Er geht raus. Instinktiv gehe ich ihm hinterher. Er blickt über seine Schulter zu mir, möchte sehen, ob ich ihm folge. Ich lächle.

Er schaut auf den kleinen See vor dem Chillmo und ich stelle mich neben ihn.

»Hallo! Gehst du auch auf die EKS?« Ich beiße mir auf die Lippen. Wie blöd ist denn diese Frage? Wie oberpeinlich!

»Klar. 10 c.«

»Echt? Noch nie gesehen …«

»Ich habe dich schon öfters gesehn.«

Ich bin total erstaunt, wie krass, ich bekomme keinen einzigen Satz über meine Lippen, kann ihn nur anstarren. Er hat mich schon öfters gesehen. Ich bin ihm aufgefallen. Und dann noch diese Ähnlichkeit mit dem Jungen in meinen Träumen, diese Augen.

Er schweigt.

Ich sage »Mh.«

Wieder Schweigen.

»Und nun?«, frage ich. Meine Gedanken sind verwirrt. Ich bin einfach daneben, kriege das alles gerade nicht auf die Reihe.

»Ich heiße Afyon!«

»Wie bitte?« Oh Mann, er muss echt denken, dass ich dumm bin.

»Afyon ist mein Name.« Er sagt es so, als wäre ich behindert, mit einem ironischen Unterton. Der Name sagt mir irgendwas. Doch was?

»Jonas«, sage ich mit meiner zartesten Stimme. Mist!, denke ich, jetzt glaubt er, dass ich eine Schwuchtel bin.

»Ich weiß!«, sagt er lächelnd und meine Knie werden ganz weich und zittrig.

Mir bleibt die Spucke weg. Ich fühle mich wie in ›Verwünscht‹, als Giselle, die am Anfang des Films in einer Märchenwelt lebt, als Zeichentrick dargestellt, plötzlich in ihrem Hochzeitskleid mitten auf dem Times Square in New York landet. Sie findet sich natürlich überhaupt nicht zurecht, in einer anderen Zeit und mir wird ganz schlecht. Mir ist nach Kotzen zumute.

»Was ist los mit dir?« Er starrt mich beunruhigt an.

»Nichts. Nichts. Mir ist … ich komme gleich wieder.«

Ich suche die Toilette, schließe mich in eine Kabine ein, versuche tief einzuatmen. Ich bemerke meinen Schweiß, das Hemd ist klitsch-nass, die Lunge drückt. Ich schließe die Augen. Der Junge aus meinen Träumen ist lebendig geworden. Was mache ich hier?

Ich suche ihn draußen, ich suche ihn drinnen, stoße auf Aris.

»Was ist denn los, Jonas?«

Ich kann nicht antworten, ich schaue mich um. Wo ist er nur hin?

»Ich bring dir ein Bier«, sagt Aris und lässt mich in meinem verwirrten Zustand stehen.

›It's getting hot in here‹ läuft gerade und ich denke nur: Oh, wie wahr! Mir ist heiß. Mir ist kalt. Ich weiß nicht ein noch aus. Wo ist er? Was ist mit mir los? Was mache ich nur?

Danny und Aris hatten von ihm gesprochen. Von Afyon. Warum? Warum träumte ich von ihm, ohne ihn zu kennen? Wie ein David Lynch-

Film, wie in ›Mulholland Drive‹, bei dem eine Frau ihr Gedächtnis verliert und die ganze Zeit merkwürdige Dinge passieren – so fühle ich mich.

»Ich habe gerade Afyon kennengelernt«, sage ich zu Aris, der mir ein Bier anbietet.

Er zieht seine Brauen hoch: »Aha!«

»Und jetzt ist er nicht mehr da.«

»Na, weit kann er ja nicht sein«, sagt er lachend.

Shad M. ruft nach Aris; der dreht sich um und geht zu seinem Schüler. Ein paar Minuten später höre ich den Tumult. Ein paar Jungs jubeln. Ich laufe Richtung Tanzfläche, auf der die Lehrerinnen Halli-Galli machen. Die Sportlehrerinnen zeigen den Mädchen das Salsa-Tanzen. Ich spüre eine Hand auf meinem Arm, werde auf die Tanzfläche gezerrt, der Rhythmus durchströmt meine Adern. Die Tanzfläche ist mittlerweile voll, es ist heiß, sehr heiß. Meine Blicke suchen ihn, während ich mich treiben lasse, mich einfach bewege wie die anderen.

Afyon! Da steht er, lehnt sich wieder an die Wand. Er starrt mich an, seine Blicke wie Magneten. Er kommt auf mich zu, nickt in Richtung draußen. Er lächelt ganz smart. Mit einem Glas Bier in der Hand folge ich ihm. Ich fühle mich von ihm in Bann gezogen. Ich stoße an die Körper der tanzenden Schüler, Afyon immer voraus, durch die Menge, durch die Enge, in die Frische der Nacht.

Wir starren auf den dunklen See, nippen an unserem Getränk – mein Herz pocht.

»Geht es dir besser?« Seine Stimme ist hart und fürsorglich zugleich.

»Ja«, traue ich mich verschämt zu antworten, ganz leise und in meiner Kehle wird es plötzlich eng. Mein zwanghaftes Schweigen wird mir zur Qual, ich erkenne mich nicht wieder, dabei möchte ihm von meinen Träumen erzählen. Er klopft mit seinen Fingern auf das Bierglas, spontan drehe ich mein Gesicht in seine Richtung. Die Augen leuchten wie Sterne.

»Lass uns kickern!«

»Kickern?« Meint er das ernst? Ich folge ihm, noch bevor ich seinen Vorschlag bejaht oder verneint habe. Was bedeutet ›kickern‹? Mein Körper fühlt sich in seiner Nähe ganz schwach an. Ich habe ein Kribbeln im Bauch. Oh Mann, das ist dieses Gefühl, wovon Aris sprach. Krass! Afyon führt mich in einen Nebenraum, wo der Tischfußball steht. Oh nein, ich kann das nicht! – egal, ich bin in seiner Nähe – und das ist sehr schön. Ich würde alles mitmachen.

Von Weitem winkt mir Danny zu und ich kann sehen, wie er eine obszöne Geste in meine Richtung macht. Das sind doch alles Schwachmaten. Ich bin ganz aufgeregt, weil ich eine Niete bin. Afyon allerdings freut sich so sehr darüber, dass er mich platt macht, dass er sich gar nicht darum kümmert. Er erscheint mir ein bisschen kindisch und gar nicht cool. Aber schrecklich süß dabei. Was denke ich da? Ich bin ganz durcheinander. Ich bin wirklich schwul! Ich bin aufgeregt und möchte die ganze Zeit lachen, während ich ihn anschaue und er sich wie ein kleines Kind über jedes Tor freut. »Noch eins«, »noch eins«, ruft er nach jedem seiner Siege aus. Er kann gar nicht genug kriegen. »Mann, bin ich gut!«, sagt er andauernd, während meine Gedanken durcheinander wirbeln.

Wenn ich dieses Spiel beherrschte, ließe ich ihn trotzdem gewinnen, einfach weil das alles so niedlich an ihm ist. Mein Magen ist so flau. Meine Knie zittern, ich habe einen Frosch im Hals, der nicht mehr aus mir heraus möchte. So ist also Verliebtsein? Fühlt er das auch? Hat Afyon das alles auch? Es wirkt zumindest nicht so. Shad M. und Nico stellen sich zu uns und erzählen von der Bundesliga. Afyon blüht auf. Er ist in seiner Welt.

»Welche Mannschaft findest du gut?«, fragt er mich. Ich habe dazugelernt. Nie zugeben, dass ich diese Sportart nicht mag. Bayern, weiß ich mittlerweile, darf ich nicht nennen, in Kranichstein fallen auch Schalke und Dortmund weg.

»HSV«, antworte ich selbstbewusst, da ich letztens mitgekriegt habe, dass der Verein der Hamburger ganz gut dabei ist, und Afyon lacht zufrieden.

Shad M. hingegen wütet gegen mich, weil er Werder-Fan ist. Das verstehe ich zwar nicht, aber was soll's, mein Herz hängt ja nicht dran. Während die Jungs fachsimpeln, betrachte ich Afyon, der wunderschön ist. Ich liebe seine Wimpern, ich mag seinen Körper; der anthrazitfarbene glänzende Anzug mit gleichfarbiger Krawatte und weißem Hemd stehen ihm total gut, seine Haare haben etwas Hippie-mäßiges – sie sind lang und verstrubbelt. Hätten seine Hosen einen Schlag, sähe Afyon aus wie aus den Seventies. Das mag ich sehr, das hat irgendwie Style.

»Kommst du mit zu Aaron?« Ich habe Danny gar nicht wahrgenommen, er steht neben mir und schaut mich belustigt an. »Oder hast du etwas Besseres vor?«, flüstert er mir ins Ohr, ich muss ihn knuffen. Er verabschiedet sich liebevoll. Er versteht, dass ich an diesem Abend nur Augen für einen Anderen habe.

»Was macht du nach der Party?«, traue ich mich ihn endlich zu fragen, als wir alleine sind.

»Nach Hause gehen«, sagt der Junge aus meinen Träumen und ich wünsche mir, dass er mich mitnimmt. Doch er nippt weiter an seinem Glas, schaut auf die Tanzfläche, fragt nicht, wie meine Pläne aussehen.

»Hast du morgen schon etwas vor?« Ich versuche es erneut.

»Klar, Fußball spielen!«

»Okay. Und am Sonntag?«

»Sonntags habe ich Ligaspiel.«

Ich bin entsetzt. Ich bin enttäuscht. Ich …

»Komm doch ins Stadion?«

Gerade eben war ich tieftraurig, dachte, er gibt mir einen Korb, dann plötzlich lädt er mich ein, zu seinem Spiel zu kommen. Ich komme gar nicht mehr richtig mit.

»Ich würde mich freuen«, fügt er schelmisch hinzu, und ich merke, wie in Sekunden meine Sinne zurückkehren. Oh mein Gott! Ich bei einem Fußballspiel?

»Gerne!«, sage ich, als wäre es selbstverständlich und nehme den letzten Schluck Bier. Ich möchte gerade alles tun, was er mir sagt und frage mich, wie bescheuert man sein kann.

»Und was machst du außer Fußball spielen?« Ich möchte mehr über den Mann meiner Träume wissen.

»Zocken.«

Fußball und PC. Kennt er denn nicht mehr? Der kann doch nicht schwul sein? Nee! Aber sein anthrazitfarbener Anzug heute, so anders als alle anderen hier. Und seine Blicke, verdammt, ich will in seiner Nähe sein.

»Unternimmst du morgen Abend nichts?«, frage ich ihn und hoffe, dass er endlich etwas mehr als einen Satz sagen wird, ich wünsche mir, dass er mich auch etwas fragt, etwas über mich wissen will, über mein Berlin, über meine Hobbies …

»Da ist was los! Kommt, schnell!«

An uns rennt Elias vorbei, ich höre Afyons Befehlston, ein »Komm!« haftet an meinen Ohren, ich sehe seine großen Schritte, er rennt, ich bekomme alles mit, es passiert etwas um mich herum – aber was?

Es ist dunkel, ich kann ein paar Schemen erkennen, höre Gekreische, Schläge. Mädchen stehen herum und schreien irgendetwas Unverständliches, es ist nicht Deutsch. Elias und Mohammed gehen zwischen die Meute, drei Jungs schlagen sich. Afyon schaut neugierig zu, wirkt, als ob er etwas damit zu tun hat. Ich bin in seiner Nähe. Einer der Jungs, die sich gerade geprügelt haben, bemerkt ihn plötzlich. Sein Blick ist sehr finster.

»Verschwinde, du Schwuchtel!«, schreit er ihm ins Gesicht, und im gleichen Moment bäumt sich Afyon auf, volle Pulle, will auf ihn losstürzen, Elias und Mohammed stehen schon bereit, halten ihn auf.

»Nimm ihn mit«, sagt Mohammed, der gar nicht Mohammed heißt, zu mir, zeigt auf Afyon, der vor Wut kocht, ich lege instinktiv meinen Arm um ihn, mit fragendem Blick durchsuche ich die Gesichter der Anwesenden, um Antworten zu finden.

Ich ziehe den sportlichen Körper Afyons an mich heran, doch wuchtig nimmt er meinen Arm wieder weg, läuft vorwärts Richtung Gebäude weg, ich renne hinterher, im Hintergrund höre ich laute Diskussionen der Jungs. Was bedeutet das? Automatisch dringen die Andeutungen von Aris und Danny in meinen Kopf.

Ich erreiche ihn im Chillmo, die meisten sind aufbruchbereit.

»Afyon, was ist passiert?«

»Muss nach Hause«, sagt er leise.

In seinem Gesicht ist die Verärgerung deutlich sichtbar, er nuschelt ein kaum hörbares »Tschüss«, schaut mich so merkwürdig dabei an, als hätte er tausend Wörter noch bereit, doch irgendetwas hindert ihn, mir Erklärungen zu geben. Er geht. Ich möchte am liebsten in seinen Augen versinken, doch es ist sinnlos ihm hinterherzulaufen.

»Komm, Jonas!«, ruft mich Shad M., der mit einigen Jungs angefangen hat, das Chillmo aufzuräumen. Ich mache, was ich kann, doch zwischen Tische rücken und Stühle stapeln schwebe ich in Gedanken an Afyon davon.

»Ich verstehe nicht, was mit den Jungs los war!«

»Was?«

»Die, die sich verprügelt haben!«

Shad M. ist fassungslos über das Benehmen der Anderen, ich werde aus meinen Gedanken gerissen und starre ihn an.

»Da läuft etwas bei den Türken!«, sagt er skeptisch und setzt den letzten Stuhl beiseite.

»Und was hat Afyon damit zu tun?« Diese Frage brannte mir bereits die ganze Zeit unter den Nägeln.

»Mann, Jonas, ich weiß nicht, was Afyon damit zu tun hat. Sie reagieren immer so komisch, wenn er kommt …«, er sucht nach Worten, schaut nach rechts, schaut nach links, niemand der mithört, »sie streiten und prügeln sich«, flüstert er mir zu, »dann kommt Afyon dazu und sie hören auf.« Er hebt die Schulter. »Was soll das?«, sagt er nachdenklich.

»Das fragst du den Falschen. Ich kenne mich in Kranichstein nicht aus«, erwidere ich schulterzuckend, als ob er eine Antwort von mir erwartet hätte.

Er tätschelt mich an der Schulter. Verwirrt laufe ich nach Hause, ohne zu verstehen, was passiert ist.

Samstagabend sitze ich in Aarons Partykeller, trinke Bier, schaue mir mit den anderen Videos an, zähle die Stunden, bis es hell wird und breche früh am Morgen auf.

»Jonas, wo bist du?« Danny klingt besorgt am Telefon.

»Ich fahre ins Stadion.«

»Ach ja, heute ist Sonntag«, er versucht sich an unser gestriges Gespräch zu erinnern, bevor er mit Giovanna eine kuschelige Ecke gefunden hatte, »doch so früh am Morgen?«

»Danny, es ist bald 11 Uhr.«

»Ja, ja«, sagt er fast spöttisch, »und das Spiel fängt erst um 12 Uhr an! Du hättest wenigstens mit uns frühstücken können.«

Ich schweige für einen Moment, schaue zu, dass ich an der richtigen Haltestelle aussteige, die Tram schaukelt mich hin und her.

»Und das alles wegen Afyon!«, kichert er mir ins Ohr und fügt ironisch dazu: »Muss Liebe schön sein!«

»Du wirst es wohl am besten wissen!«, antworte ich spontan, »bis später!« verabschiede ich mich und lege auf.

Mein erstes Mal im Stadion und ich bin total aufgeregt. So ein großes Spielfeld – da verschwinden die Jugendlichen fast auf dem Grün. Es gibt eine Tribüne. Die Zuschauer scheinen Familienmitglieder und Freunde der Spieler zu sein. Ich schaue mich nach bekannten Gesichtern um, in diesem Moment höre ich ein ›Baddäung‹ und dann meinen Namen. Shad M. hat mich gesichtet und begrüßt mich fröhlich. Er findet es fit, dass ich da bin, er freut sich, dass ich dazugehören möchte.

Er stellt mir alle Leute vor und so lerne ich ganz viele ›Mohammeds‹ kennen, die teilweise unaussprechliche Namen haben. Nur Ferhat und Yassin kann ich mir merken, weil ich zwischen ihnen und Shad M. sitze. Als ich endlich auf das Spielfeld schaue, um Afyon zu entdecken, erhasche ich einen kurzen Blick von ihm. Er strahlt über das ganze Gesicht, das macht mich glücklich. Es wird ganz warm in mir. Mein Herz macht einen Sprung, während ich ihm hinterher-schaue und denke, dass er sich freut mich zu sehen, dass es ihm wichtig ist. Wenn ich Fabi erzähle, was ich hier treibe, lacht er mich aus.

Ich möchte von Shad M. wissen, wer im Kranichsteiner Team – die TGB, wie der Verein heißt – auf welcher Position spielt und wen ich kenne. Mohammed, der nicht Mohammed heißt, ist Abwehrspieler und wirklich eine Granate, der Kleine spielt im Mittelfeld, ist aber nicht so stark und heute nur dabei, weil jemand aus dem Mittelfeld eine Verletzung hat.

»Und was ist mit Afyon?«, brennt es in mir.

Afyon ist Stürmer und macht viele Tore, zumindest hat er in den letzten drei Spielen immer eins geschossen. Er ist auch heute in guter Form. Jeder hofft, dass bald ein Tor fällt, denn Ismet spielt auch mit – und er ist ein Gott am Ball.

In diesem Moment schießt Mohammed, der nicht Mohammed heißt, von der Mittellinie nach vorne, Afyon nimmt den Ball an, dribbelt um den ersten Spieler herum, um den zweiten, und dann schießt er einfach und – trifft das Tor. Alles um mich herum springt auf, schreit herum,

»Olé, Olé, TGB«, und »Afyon vor, noch ein Tor!« Der schaut mich an, während seine Mitspieler ihn umringen, ihn in ihre Arme schließen. Er strahlt über das ganze Gesicht, er reckt die Hände und wird dann plötzlich von den anderen Spielern hochgehoben. Die Jungs neben mir kriegen sich gar nicht mehr ein, sie lachen, sie freuen sich, sie machen sich über die andere Mannschaft lustig. Ich bin stolz auf ihn, ich weiß nicht wieso, wieder habe ich dieses merkwürdige Kribbeln im Bauch – es fühlt sich unheimlich an, aber auch schön.

Halbzeit, die Spieler gehen in die Kabinen, die Väter holen sich und ihren Familien etwas zu trinken und zu essen. Wir Jungs reden von der Party am vergangenen Freitagabend und Shad M. suhlt sich wieder in seinem Erfolg, er, der große Party-Organisator.

Die zweite Halbzeit ist schrecklich langweilig. Es fällt kein Tor, Afyon kriegt kaum den Ball und auch sonst passiert nicht viel. Ich hoffe, dass das Spiel bald aus ist, weil ich Afyon endlich aus der Nähe betrachten möchte.

Nach dem Spiel warten wir vor dem Stadionausgang auf unsere Spielerfreunde. Ich muss gestehen, dass ich in diesem Moment darüber nachdenke, wie es wäre, Afyon beim Duschen zuzuschauen, doch ich werde sofort aus meinen Träumen gerissen. Shad M. fragt mich, ob ich mit zum Dönerladen ins EKZ gehe. Natürlich stimme ich zu, weil ich Afyon wenigstens in Begleitung anderer sehen möchte. Lieber hätte ich ihn für mich alleine, aber das scheint gerade unmöglich zu sein und hoffe, dass ich vielleicht danach noch ein bisschen etwas von ihm habe – ohne die anderen.

Im Dönerladen besetzen wir gleich drei große Tische, was nahezu der ganze Laden ist, ich nehme gegenüber von Afyon Platz und staune über die Darmstädter Preise.

»In Berlin kostet ein Döner noch nicht mal 2,50 Euro!«, erhebe ich meine Stimme.

Die Jungs können es kaum glauben. »Boah, ein Paradies!«, schwärmt Shad M. und beißt herzhaft in seinen Döner. Dabei tropft viel Soße heraus. Mein Vater fände es ekelhaft und würde mich schelten, wenn ich so essen würde. Ich finde es witzig, beobachte wie die anderen essen und mache es ihnen nach.

»Du isst wie ein Kranichsteiner«, sagt Afyon und lacht.

Ich freue mich über die Anerkennung, beiße noch einmal in den großen Döner, und mit verschmierten Backen blicke ich ihn an. Er zwinkert mir zu, ganz unauffällig, damit es die anderen nicht mitkriegen – mein Herz pocht.

»Und schmecken die Berliner Döner besser?«, fragt Mehmet, der mir schräg gegenüber sitzt.

»Na ja, der hier schmeckt schon besser!«, versuche ich mit vollem Mund zu antworten und spucke dabei ein bisschen Soße, »aber ich esse wirklich selten Döner.«

»Waaas?«, fragt Mohammed, der nicht Mohammed heißt, völlig irritiert.

»Na, es gibt in Berlin so viele Imbisse, Restaurants, Bistros aus aller Welt«, erzähle ich ganz stolz, »und meine Eltern haben mir immer gesagt, ich solle etwas Anständiges essen.«

»Was meinst du mit ›Anständiges‹?«, fragt mich Kerem mit aufgerissenen Augen.

»Kein Fast Food, eben!«, versuche ich zu erklären, merke wie sie mich fast beleidigt anglotzen, »Auch wenn ich mit Freunden unterwegs bin«, füge ich mit sanfter Stimme dazu. »Meine Eltern geben mir lieber mehr Geld mit, um gut zu essen«, antworte ich ganz selbstverständlich in die Runde hinein.

»Krass!«, sagt Afyon, der mich mit leuchtenden Augen anblickt und ich fühle mich ertappt, mich in einer verrückten Welt zu befinden. Ich sehe nicht nur anders aus als die Jungs um mich herum, ich bin auch anders.

Shad M. fragt, ob alle noch mitgehen wollen, auf dem Bolzplatz kicken. Afyon ruft begeistert »Ja.« Ich sage, dass ich endlich nach Hause gehen muss und erkläre, dass ich woanders übernachtet habe. Ich finde es natürlich schade, dass ich nicht mit Afyon alleine sein kann. Doch was hätte ich sagen sollen, nachdem er die Frage von Shad M. bejahte?

Mir geht es gut, ich schwebe förmlich. Ich gehe sofort in mein Zimmer. Mit gemischten Gefühlen lege ich mich auf mein Bett. Die Eltern sind unterwegs, das Haus ist leer. Die Stille macht mich bekümmert, ich schließe die Augen, erblicke Afyons Lächeln, mein Körper zittert, ich fühle mich froh und halte eine Minute später die Einsamkeit nicht mehr aus. Der Junge aus meinen Träumen ist Wirklichkeit geworden. In Kranichstein – wer hätte das gedacht – doch warum tut es so weh? Warum ist dieses tiefe Gefühl so undefinierbar? Dann höre ich seine Stimme, die Stimmen der anderen, sie scheinen mich zu akzeptieren – ob er mich auch so gerne mag? Warum immer nur Fußball? Er bewegt sich so schön und freut sich so sehr dabei! Ich baumle auf mein Bett, es ist so ein großes Bett, geschaffen für zwei.

Die Woche über versuche ich, Afyon irgendwie alleine zu treffen. Es ergibt sich keine Gelegenheit, mal ist er im Unterricht, mal ist er mit mehreren Leuten im Gespräch, manchmal sogar spurlos verschwunden. Danny ist jeden Nachmittag bei mir – kochen, Musik hören, chillen. Abends trifft er sich mit Giovanna, jeden Abend. Ich fühle mich dann einsam, rufe Fabi, Omama an, kuschele mit Wuffi. Viel lieber würde ich das mit Afyon machen, ihn treffen, ihn berühren, mit ihm sprechen.

Es ist ein wunderschöner Tag am Meer, ein weißer Strand, türkisblaues Meer, die Sonne strahlt auf unsere Körper und wärmt uns. Wir liegen auf dem Rücken, schauen in den wolkenlosen Himmel. Dann fragt er mich, ob wir schwimmen gehen sollen. Wir laufen über den heißen Sand, nichts kann uns aufhalten; wir sind junge Götter, denen nichts im Wege steht. Das Wasser ist tropisch warm, es trägt uns einfach weiter, immer weiter, wir schwimmen wie Delfine, sind bereits im weiten Meer, sehen nur den Horizont vor uns, hinter uns Massen von Wasser. Plötzlich verdunkelt sich der Himmel, Gewitterwolken ziehen auf, sorgenvoll schaue ich nach oben und frage: »Was jetzt?« Und er antwortet darauf: »Es hat niemand gesagt, dass es einfach ist, ans andere, ferne Ufer zu gelangen.«

Ich wache nassgeschwitzt auf.

Am Freitagmittag entschließe ich mich, zu Aris zu gehen. Er schickt mich in die Küche, gerade möchte ich mich über sein Blinzeln wundern – da bleibt mein Atem stehen. Afyon erhebt sich vom Küchenstuhl und kommt auf mich zu. Ich fühle mich wie eine Marmorstatue. Er schüttelt mir die Hand und schaut mir dabei lange in die Augen. Ich spüre die Wärme seiner Hand, die mich gar nicht mehr loslässt. Bemerke ein Kribbeln in meinem Bauch. Mir ist so, als würden seine langen Wimpern klimpern. Am liebsten möchte ich ihn an mich heranziehen. Was denkt er? Was fühlt er? Was lässt uns beide in dieser Stellung verharren?

»War cool am Sonntag«, seine Stimme ist rau und unbeholfen, »ich hab schon mein fünftes Tor geschossen diese Saison.« Seine Augen strahlen. Er freut sich weniger über seine Tore als vielmehr darüber, dass er mich sieht.

»So, Jungs, es kann losgehen!« Aris kommt in die Küche, mit Sportschuhen und einem Ball in der Hand.

»Ja, Mann«, erwidert Afyon erregt.

»Wovon sprecht ihr?«, frage ich irritiert.

»Na, Fußball spielen in der Halle«, sagt Aris, Afyon steht schon wartend an der Tür.

»Okayyy.«

Aris schmunzelt. Ich bin verwirrt und überrascht zugleich.

Wir laufen zur Halle hinüber, ich betrachte ihn aus der Nähe. Burgunderrot. Die Farbe der Kappe und der Schuhe taucht wieder im Oberteil auf, einem Sweater von Nike, genau wie in der kurzen Hose – alles passt zusammen. Er legt auf Klamotten genauso viel Wert wie ich, nur dass er einen sportlicheren Stil hat.

Aris zieht sich die Sportschuhe an, Afyon jongliert den Ball ungefähr hundert Mal auf seinem Fuß.

»Du magst Fußball auch nicht so gerne!«, ätze ich dem Sozialarbeiter zu.

Er zuckt mit den Schultern.

»Zieh besser deine Straßenschuhe aus, es ist nicht erlaubt in der Halle«, zwinkert er mir verschwörerisch zu.

Na, super! Schon wieder eine Premiere für mich: Etwas zu tun, woran ich in Berlin nicht im Traum gedacht hätte. Ohne Schuhe Fußball spielen. Toll.

›Tor zu Tor‹ heißt das Spiel. Jeder kriegt eine Hälfte, in der er sich bewegen darf. Das Ziel ist, das Tor des Gegners zu treffen. Wer drei Tore geschossen hat, gewinnt. Ich verliere, da ich nicht besonders gut schießen kann. Aris geht es nicht viel besser. Einzig Afyon triumphiert und freut sich wie ein kleines Kind, niedlich wie immer. Ein Kind mit leicht behaarten Beinen. Und so wenig souverän, im Gegensatz zu Danny oder Fabi. Eher wie ich, »gleich und gleich gesellt sich gern«, sagte Omama, oder »Gegensätze ziehen sich an.« Irgendwie scheint beides auf uns zuzutreffen.

Was uns definitiv nicht verbindet, sind seine Lieblingsspiele: Bereits dieses ›Tor zu Tor‹ fand ich sehr langweilig; das nächste Spiel ist noch beknackter. Einer ist im Tor, und die anderen beiden versuchen einen Gymnastikball hinein zu kriegen, was kaum möglich ist, weil der viel zu groß ist und zu langsam fliegt, als dass man ihn am Torhüter vorbeikriegen könnte. Irgendwann beginnen wir, uns gegenseitig abzuschießen. Wir jagen uns durch die ganze Halle. Auf ein Mal macht es einen Riesenspaß. Wir fangen an, uns dabei zu balgen. Wie beim Wrestling liege ich irgendwann auf Afyon. Er lacht. Ich möchte ihn am liebsten küssen. Er spürt es und zischt mich an: »Geh von mir runter!«

Doch seine Augen sagen etwas anderes, sie scheinen mich zärtlich anzuschauen, so weich – da passt diese zischende Aufforderung von ihm überhaupt nicht. Afyon steht auf Jungs, genau wie ich!

»Okay, die Zeit ist um!« Aris steht neben uns. »Gleich kommt die Tanzgruppe, lasst uns gehen.«

Wir stehen beide auf, folgen schweigend dem Sozialarbeiter nach draußen. Ich kann mich nicht irren. Afyon steht auf mich.

Wir haben den gleichen Nachhauseweg.

»Was machst du heute Abend?« Erneut wage ich, ihn nach einem Date zu fragen.

»Nichts!«

»Komm doch bei mir vorbei.« Wird er meine schüchterne Einladung annehmen?

»Ich bringe meine Playstation mit«, antwortet Afyon.

Ich glaub es nicht! Hat er soeben zugestimmt? Bin ich rot angelaufen?

»Bis später!«, sagt er und blickt Richtung Plattenbauten.

»Um 18 Uhr!«, rufe ich hinterher. »Ist es okay?«

»Klar!«, sagt er und hebt die Hand hoch.

»Meine Adresse ist …«

»Du wohnst im K6! Im ersten der roten Häuser. Ich weiß!«

Er hat sich noch nicht mal nach mir umgedreht. Erstaunt sehe ich zu, wie er von den Silhouetten der Häuser verschlungen wird. Erstaunt und überglücklich. Ich hüpfe, ich springe, lache und spinne. Oh wie krass! Hey! Wieso weiß er, wo ich wohne?

»Ich glaube, ich bin verliebt!«

»In wen?«

»In einen Jungen!«

»Echt?« Fabians Stimme klingt irritiert. »Also bist du … schwul?«

»Ich wusste es doch!« Danny lacht sich kaputt.

»Es ist okay, es ist wirklich okay!«, rufe ich am Hörer, erzähle von ›Die Mitte der Welt‹, von meinem Vater, der sich beruhigt hat, vom Fußballspielen, von meiner Mutter, von …

»Was für eine Mitte der Welt?« Fabian versteht nur Bahnhof.

»Der Roman, über diesen schwulen Jungen Phil, wir werden Playstastion spielen, er kommt um sechs, stell dir vor, er kennt meine Adresse, was soll ich bloß anziehen? Wie spät ist es?«

»Jonas! Jonas!« Fabi versucht mich zu beruhigen.

»Jonas! Geht es dir gut? Soll ich vorbei kommen?« Danny erkennt mich nicht wieder.

»Du spielst Fußball?« Fabi glaubt sich verhört zu haben. Ich stelle mir vor, wie er amüsiert die Augenbrauen hochzieht.

»Ich habe ein Date! Ich habe ein Date!«, schreie ich immer wieder und kann den Gedanken kaum fassen. Mein erstes Date mit dem Jungen meiner Träume!

»Und jetzt?« Fabi will alles genau wiesen.

»Oh Mann, ich bin einfach glücklich. Alles fühlt sich gerade so leicht an.«

Zuerst Fabian, dann Danny am Telefon. Ich muss alles erzählen, muss mir eingestehen, wie dieses Kranichstein mich verändert hat. Fabian hat es auf den Punkt gebracht: »Türken, Fußballer und Zocker.« Im Nachhinein macht mich das nachdenklich. Ich treibe hier andere Dinge, lerne andere Leute kennen, und lieben? Na ja, verliebt, in einen Typen, mit dem ich in Berlin niemals zu tun gehabt hätte.

In Berlin kannte ich die Wörter ›schwul‹ und ›Schwuler‹ nur als Schimpfwörter, genauso wie ›Tunte‹, ›Schwuchtel‹, ›Tucke‹. Bin ich jetzt selbst eines dieser Wörter? Strange. In Filmen habe ich solche Charaktere gesehen, die waren aber alle anders als ich. Anders als Afyon. Im Film ›Coming-out‹, den meine verrückte Mama mir vor drei, vier Monaten gezeigt hat. Wieso hat sie mir eigentlich damals den Film gezeigt? Sie hat mir damals Fragen dazu gestellt, die mich verwirrten – in diesem Film war ein Junge, der von sich wusste, dass er schwul ist. Der war so weiblich in seinen Bewegungen, schwingende Hüften, hatte so eine zarte Stimme, leicht weinerlich, aber auch leicht künstlich, theatralisch, er interessierte sich für Schminke und für Diven, ich fand ihn leicht unangenehm.

Es ist vier …

Es wird fünf …

Die Uhrzeit bringt mich um. Das Warten wird unerträglich.

Bin kurz vor dem Ende des Romans, habe mich chic gemacht, meine Konzentration reicht für ›Die Mitte der Welt‹ nicht aus. In meinem Kopf verwandelt sich die Hauptfigur Phil in mich selbst; seine erste Liebe Nicholas sieht aus wie Afyon, braungebrannt, sportlich, dunkel und strahlend, mit Fußballerbeinen und immer in Sportklamotten.

»Playstation spielen?« Danny hatte sich vorhin lustig gemacht.

Ich habe noch nie in meinem Leben Playstation gespielt.

Es klingelt. Oh Gott, es ist sechs Uhr! Meine Mama öffnet ihm, ich sehe es vor mir, wie er unbeholfen vor ihr steht und nicht weiß, was er sagen soll. Sie legt nicht so viel Wert auf Etikette, das ist eher mein Vater, der aber heute Abend mit seinen Arbeitskollegen unterwegs ist. Ich versuche cool auf meinem Bett sitzenzubleiben. Das Herz ballert. Der Puls rast.

»Besuch für dich!« Mama klopft schon an die Tür, »ein netter junger Mann«, sagt sie fröhlich und tritt in mein Zimmer. Afyon lächelt schüchtern. Oh Mann, sieht er unverschämt gut aus!

Wie soll ich ihn begrüßen?

Die Tür geht hinter uns zu.

Was soll ich sagen?

Er steht da und schaut sich im Zimmer um.

»Ist da die Playstation drin?« Ich zeige auf seine große Tasche, die er mitgeschleppt hat. Er nickt, legt sie auf das Bett, holt die Playstation behutsam heraus. Ich stehe unbeholfen neben ihm, möchte ihn berühren, doch wie stelle ich das an?

»Bestimmt teuer«, sagt er mit leuchtenden Augen und bewundert meinen Flat-Screen-Fernseher.

»Bestimmt«, wiederhole ich und verfluche meine Eltern, dass sie so ein großes Ding gekauft haben und ich so protzig wirke.

»So einer in meinem Zimmer … wär geil!«

»Du kannst jederzeit herkommen zum Fernsehen«, sage ich vorschnell. Mann, bin ich dumm. Mann, bin ich plump!

»Geiles Zimmer!«, sagt er und ich fühle mich merkwürdig.

Es ist mir unangenehm. Seine Stimme gibt mir das Gefühl, ein Snob zu sein, und ich denke die ganze Zeit nur: Hey, du kannst hier jederzeit vorbei kommen, kannst immer hier sein, wenn du möchtest, bei mir fernsehen, meine Klamotten anziehen, solange ich immer in deiner Nähe sein darf. Krass! Bin ich krank? Das klingt doch dumm! Hohl! Scheiße! Er steckt tausend Kabel ein und um, kann er nicht auch meinen Kabelsalat im Kopf ordnen? Er trägt teure Klamotten – das sehe ich – vielleicht haben seine Eltern Geld, vielleicht einen Sportladen, was weiß ich! Was weiß ich denn von ihm?

»Was machst du?«, frage ich, während er immer noch über die Steckdose gebeugt mit den Kabeln hantiert.

»Kabel dings«, nuschelt er vor sich hin, dann steht er auf, schaut sich skeptisch um. »Aufs Bett?«

Was meint er denn? Ich bin verwirrt! Will er mit mir gleich ins Bett gehen?

»Zum Spielen! Aufs Bett! Oder?« Er spricht mit mir, als ob ich von einem fremden Planeten komme. Und ich nicke dabei, ohne wirklich zu verstehen.

Wow! Warum hat mir keiner vorher gesagt, dass Playstation auf dem Bett gespielt wird!

Mama klopft an die Tür, bringt uns Limo und Knabbereien, ich bedanke mich artig. Afyon sagt keinen Ton. Als wir wieder alleine sind, lege ich mich neben ihn aufs Bett, achte dabei, ihm nicht zu nahe zu kommen.

»Ist was?«, frage ich, als er mich merkwürdig anschaut.

»Bionade?«, sagte er lächelnd und zeigt auf das Tablett.

»Ach, meine Mutter steht auf solche Sachen.«

»Und was ist das?« Er betrachtet die ›Knabbereien‹, getrocknete Apfel- und Bananen-Chips aus dem Bioladen.

»Kennst du sowas nicht?«, frage ich verblüfft.

Er nimmt einen Chip in die Hand und betrachtet ihn eingehend.

»Probier doch! Ist alles gesund. Bio eben!«, sage ich und greife mir einen Apfelchip.

Er lacht. Lacht er mich aus? »In welcher Welt lebst du, Jonas?«, sagt er und schüttelt den Kopf.

Jetzt denkt er bestimmt: typisch Deutsch, oder so etwas.

»Und in welcher Welt lebst du?«, traue ich mich etwas beleidigt zurückzuschießen.

Als ob er die Frage gar nicht gehört hat, schaut er mich wieder seltsam an. Was ist denn jetzt?

»Was soll das sein?« Er nimmt Wuffi in seine Hände.

»Ein Hund!«

Lacht er jetzt ironisch? Ich schäme mich, nehme ihm Wuffi aus den Händen und schmeiße das Stofftier in die andere Ecke des Zimmers. Ich fühle mich wie eine treulose Tomate – habe meinen besten Freund verraten.

»FIFA 2008«, sagt er und zeigt mir das Cover des Spiels.

»Erkläre es mir!« Schon wieder Fußball! Oh mein Gott, wird mich das jetzt die ganze Zeit verfolgen? Das ist seine Welt, nicht meine. Er entscheidet und macht sich keine Gedanken, was mir gefallen könnte.

Er drückt mir ein Gerät in die Hand, »mit dem musst du steuern und drücken«, sagt er, und ich bin damit völlig überfordert. Als das Spiel beginnt, geht alles voll daneben. Er hat kaum Mühe, mich zu umdribbeln, gefühlte hundert Tore gegen mich zu schießen, worüber er sich total freut, »ich mach dich platt«, ruft er ganz aufgeregt, »Tor!«, schreit er mal wieder und als er genug hat, schaut er mich wieder merkwürdig an.

»Jonas, Jonas, in welcher Welt lebst du eigentlich?«

»Afyon, Afyon! In welcher Welt lebst du?« Ich versuche zu kontern, äffe ihn nach, obwohl ich es nicht verstehe, was ständig dieser Satz zu bedeuten hat. Er muss dabei grinsen. Rückt näher. Mir wird ganz warm. Ich kann seinen Atem spüren. Körper an Körper.

Er legt seinen Controller – wie er dieses Gerät nennt – weg. Seine linke Hand stützt sich auf meinen Controller, er legt die andere Hand auf meine – ich kann seinen Puls spüren – er nimmt ganz sanft meinen Zeigefinger, »runterdrücken«, flüstert er mir ins Ohr, er drückt den Finger auf einen Knopf, »wenn du einen Pass machen möchtest, musst du diesen Schalter bewegen« – ich bewege mich wie in Trance – »wenn du nach rechts rennen möchtest« – ich höre den Klang seiner Stimme, ich möchte nirgendwohin rennen, ich möchte hier bei dir sein, denke ich, ganz nah, er riecht so gut, seine Hände sind so weich. Noch nie hat mich ein anderer Junge so berührt. Seine Nähe macht mich nervös, ich fühle mich erregt, sein Hals vor meinen Augen, seine Adern pochen – ich fühle mich an ›Interview mit einem Vampir‹ mit Brad Pitt erinnert, soll ich ihn beißen? – er braucht nur seinen Kopf leicht in meine Richtung zu bewegen, es würde passieren, Lippen berühren, küssen …

»Verstanden?« Er rückt lächelnd ab.

Ich nicke, ich spiele, ich lächele ihn immer wieder an – Fußball ist nicht mein Ding.

»Konzentrier dich aufs Spiel!« – Er muss mich total bekloppt finden – »Was schaust du so?«

»Nur so!«

Meine Augen funkeln, seine Augen funkeln, unsere Augen funkeln. Geil!

»Lass uns Wrestling spielen.« Ein unendlicher langer Blick von ihm – möchte er jetzt mit mir raufen?

Er holt aus seiner Tasche ein anderes Spiel, legt es in die Playstation ein, rückt mir wieder näher, versucht es mir zu erklären – meine Logik ist abgeschaltet – sein ständiges Genuschel macht mich verrückt, die Hälfte der Worte verschluckt er: »In welcher Welt lebst du eigentlich, Jonas?«

Er gewinnt auch dieses Spiel, seine Worte haben einen süßen Klang, ein Kind, das spielen möchte, ich mag ihn immer mehr. Ich mag, wie er die Bionadeflasche an seine Lippen ansetzt, wie er einen Schluck nimmt, wie er dabei gluckert.

»Ich mache dich bei allem platt, Jonas!«

»Bei allem?«

»Ja!«

Ich würde gerne über ihn herfallen, ihm klar machen, dass ich in einigen Dingen ihm ebenbürtig oder sogar überlegen bin.

»Ich mache dich bei allem fertig, auch beim Kämpfen.«

Afyon lässt nicht locker. Er sucht die Provokation – soll ich jetzt auf ihn springen?

»Ich bin nicht Anas ...«, sagt er ganz selbstsicher – er hat davon gehört, von jenem Kampf am ersten Schultag.

Und plötzlich fällt er über mich her. Ich spüre seine Kraft, die Arme, die sich über meine Schultern legen, instinktiv wehre ich mich, greife zu, seine Hände, seine Beine, seinen ganzen Körper – ich muss mich jetzt beweisen.

Ich schaffe es, ich werfe ihn von mir ab. Gleich auf gleich, Auge um Auge, alle Sinne sind wach, ich bin bereit für den Kampf. Er ist gut, doch ich bin besser, gewinne die Oberhand, liege über ihm, er wehrt sich, so gut er kann. Es fällt mir schwer, ihn in den Griff zu bekommen, muss all meine Tricks anwenden, will ihn unterwerfen. Er schlägt um sich, flucht, atmet schwer und kann sich nicht mehr aus meinen Klauen befreien.

»Und jetzt?« Ich triumphiere. Außer Puste sitze ich nun auf ihm drauf.

Der Besiegte schaut mir tief in die Augen. Es macht mir Gänsehaut.

Die Spannung seines Körpers lässt von Sekunde zu Sekunde nach. Ich nähere mein Gesicht dem seinen, die blonden Haare fallen auf seine schwarzen, ich lasse langsam alle Griffe locker. Er verharrt regungslos. Er wartet ab. Meine Lippen sind fast an seinen angelangt. Ich verharre ebenfalls. Er hebt leicht den Kopf, kommt mir näher. Lippe an Lippe. Seine an meiner. Prickelnd, warm und feucht. Unsere Augen geschlossen. Die Muskeln im Mund bewegen sich. Seine Zunge schiebt sich gewaltig in meine Mundhöhle. Sie provoziert, sucht den Gegner, findet meine. Spielend, kämpfend, alles gleichzeitig, alles in mir. Ein wohliges Gefühl durchströmt meinen Körper. Es passiert. Ich verliere mich in diesem Spiel.

Ein Stoß – er stößt mich von sich, fest, gewaltig, ich kann das Gleichgewicht nicht mehr halten, falle vom Bett runter – was ist passiert? – ich knalle unsanft auf dem Boden auf. Ein Schmerz, es ist kein körperlicher, nein, ein Schmerz in mir drin, das spüre ich.

»Ich bin nicht schwul!«

Afyon schreit, ich versuche mich wieder aufzurichten, sein wütender Blick durchströmt, ja, überflutet mich. Er stürzt sich auf die Playstation, steckt Kabel aus, ich versuche ihn wieder an mich heranzuziehen.

»Fick dich!«, er lässt sich nicht mehr aufhalten, »Ich bin nicht schwul!«, ich versuche ihn in den Arm zu nehmen, »Lass mich!«, stöhnt er und sammelt seine Sachen ein.

»Was ist denn los?«, schreie ich zurück, »Was habe ich falsch gemacht?«

Er beachtet mich nicht, zieht seine Schuhe an, ich sitze neben ihm, berühre ihn am Arm. Er schleudert ihn von sich fort. Schubst mich auf das Bett, ich pralle mit dem Kopf knapp neben dem Holzbalken auf. Ich bin fassungslos. Er nimmt sich die Tasche vom Bett herunter, will losziehen, bleibt eine Sekunde stehen, dreht sich zu mir. Sein Blick ist wütend. Sein Blick ist verzweifelt. Eine heftige Bewegung, ein Tritt an mein Schienbein. Ein Schmerz.

»Bleib doch hier!«, rufe ich ihm hinterher.

»Ich bin nicht so wie du! Ich muss weg hier!«, sagt er jetzt leise.

Er glaubt selbst nicht dran. Ihm hat es Spaß gemacht, er wollte es doch auch. Oh Mann, geh nicht, geh jetzt nicht weg! Ich fühle mich schwach, erniedrigt. Ist das ein böser Traum? Ich möchte aufwachen, den Film zurückspulen, die Stelle wieder sehen, die Stelle wieder spüren, in der alles noch in Ordnung war, wo noch alles so unschuldig war. Ich weine aus Angst und Verzweiflung.

»Bleib doch hier!«, höre ich meine Stimme, »lass uns weiterspielen …«

Doch er steht schon an meiner Zimmertür, funkelt mich an.

»Nein, ich muss weg. Ich bin nicht wie du!«

Was soll das denn heißen? Nicht schwul? Nicht deutsch? Was möchte er mir sagen? Er fand es wunderschön und möchte es sicher so gerne wie ich. Er lässt sich nicht aufhalten. Er geht.

Er geht und lässt mich enttäuscht und verwirrt zurück. Er entscheidet zu gehen – und ich kann sehen, wo ich bleibe. In der einen Minute der glücklichste und freieste Mensch der Welt, in der nächsten zu Tode betrübt, gefangen in Verzweiflung und Verlassenheit.

Ist das die Liebe?

Die ganze Nacht kann ich nicht schlafen. War dieses Knutschen eine einmalige Sache? Ach, Afyon! Wirst du mir aus dem Weg gehen? Mich nie wieder küssen? Oh Gott! Das wäre das Schlimmste, was passieren könnte. Solange ich noch nie geküsst hatte, konnte ich gut darauf verzichten. Jetzt möchte ich es immer wieder. Ihn küssen. Ich bin verliebt. Und da ist noch etwas, eine Scham, eine Angst, vielleicht davor, verletzt zu werden, vor anderen gedemütigt zu werden. Könnte so etwas passieren? Jetzt, da mich Shad M. und Co. gerade beginnen zu akzeptieren?

Der Tag danach.

Er geht nicht ans Telefon, beantwortet keine SMS. Mir geht es furchtbar schlecht. Weder Fabi am Telefon noch Danny bei mir zuhause können mich aufmuntern. Ich suche ihn in der Schule, drehe Runden am Sportplatz, laufe durch die Straßen der Plattenbau-Siedlung. Afyon scheint von der Bildfläche verschwunden zu sein.

Deprimiert lasse ich mich am Abend überreden, mit Danny zu Aaron zu gehen. Ich schütte mich mit Alkohol zu, kann mich nicht mehr stoppen, will meine Gedanken loswerden, den Kuss vergessen, die ganzen blöden Bilder vor meinen Augen verscheuchen. Alles dreht sich um mich. Alles. Die Discokugel an der Decke, die Stimmen um mich, sogar mein Magen. Es ist ekelhaft, das erste Mal betrunken zu sein.

Ich möchte sterben. Vorher muss ich aber kotzen. Einmal, zweimal, dreimal – lieber Gott! Geht das irgendwann mal zu Ende? – viermal, fünfmal, das saure Gefühl, das immer wieder hoch kommt, bis ich schwach werde, bis meine Beine mich nicht mehr tragen können.

Danny – wahrscheinlich ist es Danny, der mich nach Hause bringt, oder ist es Afyon? – »Afyon?« – »Pssscht!« – jemand legt mich auf mein Bett, jemand flüstert mir etwas zu, »sei leise, Alda, deine Eltern«, jemand versucht mich zu umarmen –, das muss Danny sein – »hier ist der Eimer« – ich kann lachen, zwei Hände ziehen mich aus – »musst du noch mal ins Bad?« – ich kann weinen – »schlaf jetzt!« – ich möchte sterben – »es ist so sauer!«, ich kann sprechen, – »Pssscht! Nicht so laut, Jonas!« – jemand kennt mich, »Jonas, ja, das ist mein Name« – »korrekt, Mann« – jemand legt einen Hund neben mich – »hallo Wuffi!« – »Pssscht!« …

Das Wasser läuft über mich, das Bad dampft. Der Tag vergeht ohne mich – welcher Tag ist heute? – der nächste Tag ist grauenvoll.

Ich bin allein.

›Sind zu Barbara gefahren, du hast zu fest geschlafen, deswegen haben wir dich liegen lassen‹. Ein Zettel auf dem Küchentisch. Der Kühlschrank voll, mein Magen leer. Die Uhr an der Wand tickt zu laut, eine schreiende Stimme in mir wiederholt seinen Namen. »Afyon. Afyon, Afyon ….«

Ich falle aufs Bett. Traurige Musik von Sigur Rós begleitet meine Tränen.

Ich befinde mich im Gebirge, doch Afyon ist weit und breit nirgends zu sehen. Wo ist er? Ich fühle mich einsam. Ein schwarzer Hund nähert sich mir, er ist klein und niedlich, ich gehe in die Hocke, streichele ihn. Jetzt ist alles gut. Er winselt leise, es gefällt ihm, wie ich ihn liebkose. Plötzlich höre ich ein Geräusch hinter mir. Doch ich kann nichts sehen, ich blicke um mich herum – nichts. So drehe ich mich wieder zum kleinen Hund, der plötzlich gar nicht mehr so klein ist, im Gegenteil, er überragt mich. Noch schlimmer: Er schaut mich mit funkelnden bösen Augen an, bellt ganz laut und macht mir Angst. Wird er mich beißen? Seine Schnauze kommt meinem Mund näher, was wird dieser bescheuerte große Hund machen? Ich habe keine Möglichkeit mehr wegzurennen, bin ihm schutzlos ausgeliefert. Doch anstatt mich zu beißen, streckt er plötzlich seine riesengroße Zunge aus dem Maul – und schleckt mich ab. Als ich wieder in seine Augen sehen kann, schauen sie lieb. Und der Hund wird auch wieder klein.

Vor 30 Tagen und Nächten ... Doch

Alles ist trist. Afyon geht mir aus dem Weg. Kurzmitteilungen beantwortet er ebensowenig wie Nachrichten bei SchülerVZ oder über MSN. Alle meine Versuche, ihn zu treffen, sind aussichtslos. Niemand kann mich aufmuntern. Afyon – er ist in all meinen Gedanken, all meinen Träumen.

»Lass uns ins Einkaufszentrum gehen.« Danny fordert mich wieder einmal auf.

»Was soll ich dort?«

»Schokolade und Eis kaufen.«

Ich schaue ihn lustlos an. Er lässt nicht locker.

»Dann zeige ich dir einen Ort, den du noch nicht kennst.«

»In Kranichstein?«

»Etwas Persönliches!« Danny ist merkwürdig ernst. »Komm!«, sagt er und schubst mich nach vorne.

Fünf Minuten später laufen wir am Dönerladen vorbei, in dem ich mit Afyon gemeinsam Döner gegessen habe, nach dem Fußballspiel. Die Bilder werden wach, sein Lächeln, seine dunklen Augen, die Joghurtsoße, die aus seinem Mundwinkel tropfte.

»Wir kaufen ganz viel Schokolade!«, sagt Danny und stupst mich liebevoll, »und eine Tonne von leckeren Pistazien-Eis, ne?« Er knufft mich, meine Traurigkeit braucht wohl Aufmunterung.

Ich nicke, wenig begeistert.

»Such du die Schokolade aus«, fordert er mich auf, als wir im Supermarkt sind, »ich hole das Eis.« Er verschwindet hinter den Regalen.

Ich bewege mich durch die fremden Reihen, ich war noch nie hier – meine Mutter kauft immer genug ein – ich suche überall diese verdammte Schokolade – was für eine blöde Idee! Ich irre herum, Einkaufswagen stoßen mich an, ein kleines Kind schreit im nächsten Gang, ich finde keine Schokolade, ich sehe keine Angestellte, ich … ich erblicke sein

Gesicht! Oh, mein Gott! Er steht einige Meter vor mir. In der Abteilung mit den Softgetränken. Mein Herz fängt an zu rasen. Er steht dort alleine. Er hat mich nicht bemerkt. Mir ist kalt. Ich muss ihn ansprechen. Ich schleiche mich an ihn heran. Er sucht nach einem Getränk. Ich bleibe kurz vor ihm stehen. Ich halte meinen Atem an. Seine Hand greift nach einer Flasche Coke. Er überlegt. Ich starre ihn von hinten an. Er hat sich entschieden, nimmt sich die Flasche aus dem Regal und dreht sich nach rechts: in meine Arme. Kurz bevor er mich berühren könnte, stoppt er. Erstaunt blickt er mich an.

»Was machst du hier?«

»Und du?«

»Nichts.«

Er schaut mich an, als wäre alles normal. Ich spüre seine Freude, mich zu sehen. Seine Augen leuchten wie die eines Kindes vor dem Weihnachtsbaum.

»Afyon!« Ich versuche streng zu wirken.

»Was?« Klingt seine Stimme verständnisvoll, oder täusche ich mich?

»Warum meldest du dich nicht?«

Betretenes Schweigen. Er dreht die Cokeflasche in seinen Händen.

»Ich habe dich vermisst!«

Er hebt seinen Blick. Er legt den Zeigefinger auf seine Lippen, sagt lautlos »Psssst!« Er kommt mir näher, flüstert in mein Ohr: »Heute Abend. Um neun. Bei dir!« und schubst mich leicht zur Seite. Lächelnd. Er geht. Ich starre ihm fassungslos hinterher.

Das soll alles sein? Hatte er nicht mehr zu sagen? Hatte er wenigstens nicht einen einzigen normalen, vollständigen Satz, für mich? Verdammt! Er gibt so wenig von sich preis, so wenig, dass ich ihn nicht fassen kann.

»Jonas?«

Danny holt mich aus meiner Starre – wie ein kleines verschrecktes Kaninchen fühle ich mich.

»Ja, du hast Recht, was zum Trinken wäre nicht schlecht. Cola? Okay.«

Er schnappt sich eine Coke aus dem Regal und zieht mich am Arm weiter.

»Wo ist denn die Schokolade?«

»Ähm ...«

»Jonas, Jonas! Was mache ich nur mit dir?«, sagt er und schüttelt den Kopf. Er geht voraus, zieht mich mit in die Süßigkeitenabteilung.

»Pfefferminz« – meine Gedanken sind weit weg – »Vollmilch-Nuss« – was ist nur mit Afyon los? – »und Erdbeer-Joghurt!« – Afyon, er sah so toll aus – »möchtest du noch eine andere Sorte?« – oh mein Gott, er kommt heute zu mir! – »Jonas!«

»Was …«

»Ich fragte, ob du noch eine andere Sorte Schokolade möchtest?« Danny schaut mich etwas genervt an.

»Danke!«

»Danke ja?«, Danny ist echt sauer, »oder danke nein, Jonas?«

»Entschuldigung!« Danny versucht schon seit Tagen, mich aufzumuntern, und ich schäme mich für meine Unaufmerksamkeit.

»Was ist denn los, Jonas? Warum benimmst du dich so?«

»Immer muss ich mich danach richten, was andere sagen und machen, Danny.«

»Ja?«

»Ich sollte das wohl ändern!«

»Solltest du.«

Wir laufen Richtung K6 mit Eis, Coke und Schokolade vollgepackt. Danny führt mich an der Lärmschutzmauer entlang, die um das Wohngebiet gebaut ist, auf eine große Wiese zu. Sein Lieblingsplatz ist eine Holzbank. Danny ist ganz aufgeregt, erzählt mir von den Stunden, die er hier verbracht hat unter den großen Platanen, als Stress bei ihm zuhause die Regel war. Er redet so, wie ich es gar nicht von ihm kenne, so ernst, so nachdenklich, ich nehme respektvoll Platz auf ›Dannys Bank‹ und beobachte meinen Freund, wie er zum ersten Mal über persönliche, tiefe Gefühle redet. Wir schlemmen Pistazieneis mit Plastiklöffel, tunken Pfefferminzschokolade hinein und ziehen fürchterliche Grimassen dabei. Er versteht es, mich zum Lachen zu bringen.

»Ich habe Afyon im Laden gesehen.«

Dannys Augen sind weit aufgerissen. Jetzt bin ich derjenige, der ernsthaft und nachdenklich ist. Das Eis schmilzt, die Zeit vergeht und meine Augen füllen sich mit Tränen.

»Komischer Kauz«, sagt Danny, schüttelt den Kopf, fragt tausendmal nach meinem Befinden.

Ich stopfe mir die Hälfte der Erdbeer-Joghurt-Schokolade in den Mund und er lacht.

»Scheiß drauf«, sagt er.

»Ach, Jonas, auch ich kann nicht in Afyons Schädel schauen!« Aris versucht die Situation zu erläutern, ich habe ihm alles erzählt, »natürlich habe ich meine Vermutungen! Aber ...«

Ich schaue ihn hoffnungsvoll an.

»Lass ihm Zeit. Schau einfach mal, was heute Abend passiert.«

Aris Lächeln muntert mich auf.

Der Besuch bei ihm tut mir gut.

Danny schreibt mir eine Kurzmitteilung: ›Bin immer für dich da, wenn du mich brauchst!‹. »Überleg dir mal«, sagt Fabi am Telefon überzeugend, »wenn er dir etwas Böses sagen wollen würde, dann würde er dich doch an einen neutralen Ort bitten. Sicherlich möchte er mit dir kuscheln.«

Meine Augen werden wieder ganz wässrig.

»Bist du krank?« Beim Abendessen schaut mich Papa besorgt an, »die letzten Tagen ist sein Appetit gedämpft«, sagt er zu Mama.

»Krank oder verliebt?«, fragt sie mit einem leichten Lächeln und schaut mich genauer an.

Soll ich von Afyon erzählen? Womöglich, dass ich unglücklich verliebt bin?

»Der Junge!«, schreit plötzlich meine crazy Mum.

»Welcher Junge?« Mein Vater blickt sie irritiert an.

»Ja, der vom letzten Freitag!«

»Aha!« Vater ist erstaunt. Ich ebenso – und schäme mich zugleich. Wie er mich anschaut!

»Er kommt später … vorbei«, stammele ich vor mich hin.

»Hoffentlich seid ihr heute nicht so laut«, sagt Mama und schmiert ihr Butterbrot.

»Beeil dich, Schatz!«, sagt Papa zu ihr, sie schaut auf die Wanduhr.

»Keine Sorge, der Film fängt um 20:30 Uhr an! Wir kommen noch rechtzeitig.«

Super! Afyon kommt und ich habe sturmfrei.

Kurz vor neun, mit dem Klingeln an der Haustür, macht mein Herz einen gewaltigen Sprung. Sein Lächeln sagt mir, dass der Abend schön werden wird. Er geht voran, kennt den Weg ins Zimmer – findet er auch zu mir, in meine Welt?

»Die vergangene Woche …«, ich lehne mich gegen die geschlossene Zimmertür, »na ja, ich habe dich gesucht«, er steht vor mir, schaut mich befremdet an, »Wo warst du? Warum hast du dich nicht gemeldet?« Ich möchte ihn am liebsten anschreien, er kommt einen Schritt näher, sein ruhiger Blick erregt mich, ich möchte platzen, »weißt du, was ich durch-gemacht habe?«

»Ich bin doch jetzt da!«

Seine sanfte Stimme unterbricht meinen Rede-Fluss, der Puls hämmert, sein Gesicht an meinem, er stützt beide Hände auf die Tür, dazwischen stehe ich, fühle mich umklammert, habe Angst, er drückt seinen Körper auf meinen, seine Lippen berühren meine, er küsst mich, ich lasse es geschehen.

Die Welt dreht sich wie im Karussell. Feuchtigkeit und Wärme durch-fluten meinen Körper. Ich schwebe mit geschlossenen Augen durch den Raum. Ich vergesse, wer ich war, was ich sagen wollte, wohin ich gehen möchte.

Seine Arme packen mich, ich traue mich nicht die Augen zu öffnen, er legt mich aufs Bett, er streichelt mich am Hals, an den Wangen, streicht mir durch die Haare – mach weiter, es ist so schön – er findet meinen Mund, ich umarme ihn, fest, zärtlich, sanft …

»Schauen wir einen Film?«

Er reißt mich aus der Traumwelt heraus, steht auf, durchsucht meine DVDs, ich liege immer noch auf dem Bett, versuche zu begreifen, zu beobachten, sein Nuscheln zu verstehen, seine Bewegungen an Fernseher und DVD-Player, seinen Plan für den Rest des Abends.

»James Bond! Super!«, sagt er und nimmt neben mir Platz.

Oh mein Gott – ausgerechnet diesen Film! Den habe ich aus Spaß von Fabi geschenkt bekommen, weil ich immer über Leute lästere, die James Bond-Fans sind. Den will er heute Abend mit mir anschauen? Bei dieser großen Auswahl, die ich besitze?

»Geil, gell?«, nuschelt er mir ins Ohr bei der erste Action-Szene.

Geil finde ich ihn. Ich schmiege mich an ihn. Mein Held riecht nach Anis und Zimt, ein vertrauter Geruch aus der Weihnachtszeit, an seiner Seite fühle ich mich wie ein Kind. Ich umarme ihn, schlecke seine Haut, als würde sie aus Puderzucker bestehen, wie Omamas Plätzchen. Er ist so süß, wenn er immer wieder aufgeregt »Mann, wie geil!« durch das Zimmer ruft, weil sein Held jemanden umbringt, weil eine Bombe explodiert, weil Autos in die Luft fliegen … weil er so ist, wie er ist.

Er drückt plötzlich auf die Pause-Taste, überrascht blicke ich ihn an. Was hat er vor? Er wirkt unsicher, doch da ist etwas in seinem Blick, etwas, das eher wie sein Fußballblick aussieht, ein Trick, ein Pass, ein Dribbling …

Er führt seine Hand unter mein T-Shirt, streichelt mich am Bauch, zieht weiter in Richtung Brustwarzen. Was tut er da? Das ist schön! Das ist toll! Er zieht mich an sich, öffnet meinen Mund mit seiner Zunge, dann lässt er sie über meinen Hals gleiten. Ich bin erregt. Er ist erregt. Ich ziehe sein T-Shirt hoch, küsse jede Stelle, die ich erwischen kann, gierig, als ob ich ihn gleich verlieren würde, der Stoff stört mich dabei, ich helfe ihm sein Oberteil auszuziehen. Sein ganzer Oberkörper gehört mir. Ich weiß nicht, welche Stelle ich zuerst abtasten, wo ich als nächstes liebkosen soll.

Afyon macht Geräusche, die mich noch mehr erregen, ein leises Stöhnen, er liegt auf dem Bett, ich streichele ihn am Oberschenkel. Das ist alles so unwirklich, das alles habe ich mir immer gewünscht, in diesem Moment wird der Traum wahr und ich frage mich, warum ich so viel denke – ob er auch etwas denkt? Seine Augen sind geschlossen, seine Hand in Bewegung, er knöpft seine Hose auf – metallische Gürtelklänge, stöhnende Geräusche, meine Hand hilft instinktiv – mit schnellen Griffen ist seine Hose heruntergerissen.

Er hat eine enge Pant an, ich sehe, fühle seinen dicken Penis, er stöhnt leicht auf, ich küsse ihn am Oberschenkel, stecke den Finger unter seine Unterhose, berühre ihn da, wo es bei mir am erregendsten ist. Es fühlt sich leicht schweißig an dieser Stelle an. Mit einer Geste zeigt er mir, dass ich seine Pant ausziehen soll. Ich tue es. Er fühlt sich befreit, ich staune über die völlige Nacktheit vor meinen Augen.

Was soll ich nur machen? Was soll ich mich trauen zu machen? Ich habe es schon in Filmen gesehen, in Büchern gelesen, aber das hier ist Realität, meine Realität.

Seine Augen sind immer noch geschlossen. Ich lege mich auf ihn, noch angezogen, küsse ihn und frage mich, was jetzt passieren könnte. Er kriegt es fertig, uns beide so zu rollen, dass er auf mir liegt. Er beginnt, meinen Gürtel zu öffnen, geschickt rollt er meine Hose hinunter, zieht meine Unterhose aus, gleichzeitig versuche ich mein T-Shirt auszuziehen.

Das ist erregend. Wir beide ganz nackt. Er liegt auf mir, er dreht uns beide wieder so, dass ich über ihm liege. Ich mache einfach das, wonach mir gerade ist. Berühre ihn am ganzen Körper, versuche herauszufinden, wo es ihm am besten gefällt, wo er am lautesten stöhnt und an welchen Stellen er besonders niedlich zuckt – und er zuckt leicht mit einem Fuß, wenn er die Erregtheit kaum noch aushält.

Er nimmt meine Hand und legt sie auf seinen Penis. Sein Stöhnen wird lauter. Ich rubbel ihn so, wie ich das bei mir schon oft geübt habe. Seine langen Wimpern flattern, seine Atemzüge werden immer kürzer, seine Geräusche sind langgedehnt, meine Hand bewegt sich rhythmisch an seinem Schwanz. »Ich komme!«, flüstert er, »ich komme!«, ruft er, sein Körper brennt, ich spüre seinen heißen Saft, der sich über meine Hand ergießt.

Seine lauten Geräusche haben mich unheimlich angemacht. Jetzt tut er das Gleiche bei mir. Ich suche seine Lippen, immer wieder seine Zunge, Sekunden später platzen alle meine Zellen in mir, ich komme, ich fühle mich stark, ich fühle mich leicht, so wie nach einem Marathon, geschafft, erschöpft, glücklich.

Zusammengekuschelt, nackt, feucht liegen wir nun beide in meinem Bett. Er hält die Augen geschlossen. Ich betrachte ihn. Afyon ist wunderschön. Ich kann mein Glück nicht fassen. Zu zweit war es merkwürdig schön. Schön, von ihm berührt zu werden, überall.

»War es auch für dich so schön?«, flüstere ich ganz nah an seinem Ohr.

»Mmmm …«, murmelt er mit einem kleinen Lächeln.

Ich streichle ihn am Körper, verspüre den Drang ihn zu küssen, spüre endlich eine Vertrautheit zwischen uns, es gefällt ihm, wie meine Lippen mit seinen spielen. Er behält die Augen geschlossen. Oh Mann, ich könnte ihn auffressen. Krass! Ich möchte, dass er immer bei mir bleibt.

»Hast du schon mal mit einem Jungen so etwas getan?«

»Spinnst du?« Er schaut mich entsetzt an.

Meine Augen weiten sich. Es ist auch sein erstes Mal.

»Seit wann weißt du, dass du schwul bist?« Ich möchte alles wissen.

»Wann kommen deine Eltern zurück?« Er beobachtet die Tür.

Ich schaue auf die Uhr, es ist kurz nach zehn.

»Wir haben Zeit«, flüstere ich und streichele seine Schulter.

Er drückt auf den Playknopf. Weiter mit der James Bond-Action.

Ich liege an seiner Brust. Die Bilder auf dem Fernseher interessieren mich nicht. »Wie geil!«, ruft er immer wieder. ›Wie geil!‹ flüstert eine Stimme in mir. Er hört die Maschinengewehre. Ich höre sein Herz. Er liebt diesen Helden am Bildschirm. Ich liebe diesen Helden, der mich in seinen Armen hält. Bis der Film sein Ende erreicht. Bis Afyon »Super!« ruft.

Er will aufstehen.

»Wo willst du hin?« Ich ziehe ihn zu mir zurück.

Er schaut tief in meine ängstlichen Augen. Seine Lippen bewegen sich. Er summt eine Stimme, findet eine Melodie, »denn es macht jetzt keinen Sinn, fort zu gehn.« Das Lied von Xavier Naidoo. Er küsst mich, greift nach seinen Klamotten, seine Augen sind feucht. Ich erhebe mich, umarme ihn von hinten, er versucht seine Unterhose anzuziehen.

Meine Stimme, aus tiefem Herzen an seinem Ohr: »Ich halt' dich fest, such dich Nord, Ost, Süd und West, um dich anzuflehn«, er dreht sich zu mir, »wo willst du hin«, ich kann nicht aufhören mit dem Lied. Er muss lächeln.

»Ich muss nach Hause.«

»Der Abend war wunderschön. Und … ich hatte gehofft, ich wäre gerne in deinen Armen eingeschlafen.«

»Geht nicht!« Er wird laut. Und nervös. Er löst sich aus meiner Umklammerung. Wie ein Tier, das in die Enge getrieben wird. Er wendet sich ab. Er spürt meine verzehrenden Blicke. Er nimmt mich noch einmal in den Arm. Ein kleiner Kuss. Doch er reißt sich wieder los. Er zieht sich an. Ich ziehe mich an. Alles rast um mich herum.

»Sehen wir uns morgen?«, frage ich, »wir könnten einen Ausflug machen« in meinem Kopf male ich mir schon Szenarien aus.

»Es geht nicht!« Dieser Ton ist nicht seiner.

»Wieso?«

Er zuckt nur die Schultern.

»Wann sehen wir uns wieder?«

»Wir sehen uns.«

Er hält die Türklinke fest. Ich ziehe ihn nochmals an mich heran. Küsse ihn. Er schließt die Augen. Öffnet sie. Sein Gesichtsausdruck ist weich und wirkt glücklich. Beim Hinausgehen singt er wieder das Lied von Xavier Naidoo. Seine Musik, sein Style, nicht meiner.

Wer ist Afyon? Fragen über Fragen rasen mir durch den Kopf, als ich alleine bin – Fußball, zocken, draußen abhängen, Playstation, Wrestling, Hip Hop. Meine Antworten bestehen aus einfachen Wörtern – Türke, strenge Eltern, keine Bücher, kein Theater. Filmgeschmack? Action und Blockbuster! Afyon kann nicht diskutieren! Hat nie gelernt seine Gefühle auszudrücken! Kommt er mit seiner Identität klar? Was ist überhaupt seine Identität? Wofür steht er? Was will er? Was will er von mir? Undurchsichtig erscheint er mir. Was mag er an mir? Er hat mir noch nie etwas Nettes gesagt. Hat er? Was schätzt er an mir? Was begehrt er? Wer in Gottes Namen ist Afyon?

Ich liege im Bett. Rieche seinen weihnachtlichen Geruch auf dem Kopfkissen, schließe die Augen, fühle mich glücklich. Gestreichelt zu werden, Wärme zu spüren, Erregung zu erwarten. Es war wie Kitzeln im Bauch, an der Fußsohle. Wie er mich gestreichelt hat, wie er mich geküsst hat, das hat mich verrückt gemacht. Das war alles so schön. Schön und unbekannt. Ich habe bereits wieder Sehnsucht nach ihm, und in der nächsten Sekunde überkommt mich Traurigkeit, dass er weg ist. Das Bett ist zu groß für mich alleine! Scheiße, dass seine Eltern nicht so drauf sind

wie meine! Ich würde gerne mit ihm in einem Bett einschlafen. Irgendwann … ach ja!

*Afyon und ich reiten durch einen Wald. Wir sind umgeben von Lerchen,
Tannen, Fichten, Ahorne, Kastanien, Waldrosen und am Rand des Pfades
Vergissmeinnicht und Edelweiß, farbenfrohe Büsche, die meisten Gewächse
haben wir noch nie gesehen. Rehe und Hirsche bleiben stehen und beobachten
uns, Vögel mit hübschen Federn schwirren um uns und singen fröhliche Lieder,
bunte Schmetterlinge setzen sich auf die Mähnen unserer Pferde. Wir reden
nichts, in diesem Zauberwald scheinen wir uns telepathisch zu verstehen, Gefühle, wohlige Empfindungen, tiefes Verständnis ohne Worte fliegen zwischen
uns. Wir sehen im Waldesinneren kleine Feen. Der Pfad vor uns führt zu
einem riesengroßen See, der von Wiesen mit herrlichen, bunten Blumen um-
säumt ist. Wir halten an, Afyon zieht seine Kleider aus und springt in den
See, ich tue es ihm nach, wir schwimmen in dem angenehm warmen Wasser,
das so klar ist, dass wir auf den Grund des Sees schauen können. Wir tauchen
nach Muscheln, Afyon findet eine wunderschöne, in allen Farben glänzende,
die er mir schenkt. Ich küsse ihn auf die Wange. Er zieht mich aus dem Wasser,
er setzt sich auf die Wiese, ich neben ihn, wir halten uns an den Händen
und schauen in die Ferne. Nach einiger Zeit schaut Afyon mir in die Augen,
ich lege mich hin, er legt sich auf mich, küsst mich, wir lieben uns. Um uns
herum tanzen Feen, Tiere, Blumen fröhlich und ausgelassen, als wäre genau
diese Liebe das Ereignis, auf das sie lange gewartet haben, ihre Erlösung. Wir
rollen in den See, doch wir merken es in unserer überschwänglichen Liebe
nicht, wir machen im Wasser weiter, so als ob wir es den Fischen und anderen
Wasserlebewesen schulden, ihnen ebenfalls unsere Liebe zu zeigen. Wir hören
wunderschöne Unterwassermusik. Der Himmel schenkt uns einen Regenbogen,
alles ist gut, alles ist schön.*

Vor 21 Tagen und Nächten ... Theater

»ie Transformers‹. Das sind Autos, die sich in große Roboter verwandeln und die einen Krieg gegen die Menschheit anzetteln, wobei es Gute und Böse gibt, und die Guten helfen dann letztendlich den Menschen, weil sie einen Freund – Shia LaBeuf, den Afyon ganz toll findet – unter ihnen gefunden haben.

Der Samstagabend soll wieder ein schöner Abend werden, mit Afyon an meiner Seite – trotz des Films, den wir anschauen, den er mitgebracht hat. Ich verstehe die Geschichte, finde sie langweilig, im Gegensatz zu Afyon, der erfreut über die Action-Effekte ist. Mit Danny und Fabi war es einfacher für mich, die haben einen ähnlichen Geschmack. Und mit den beiden kann ich sehr viel besser reden.

»Wann hast du gemerkt, dass du schwul bist?«

»Hast du das gesehn! Wie geil, ey!«

»Afyon!«

»Was denn?« Er fühlt sich gestört.

»Ich rede mit dir!«

»So bin ich nicht!«, nuschelt er und drückt die Lautstärke höher.

»Wie, bitte, bezeichnest du das?«, frage ich und zeige auf meine Hand, in seiner verschlungen. Er lässt sie los.

Wir sitzen auf dem Boden, mit dem Rücken ans Bett gelehnt und schauen blöde Autos an, die mit metallischen Stimmen sprechen können. Ich ertrage diesen Moment nicht, habe aber Angst mich zu bewegen, seine Nähe zu verlieren.

»Bei uns ist das anders!«, sagt er sanft nach einer Weile.

Ich starre ihn an.

»Wir sind Türken!«, ruft er laut.

»Und?«

»Wir sind keine Deutschen wie ihr!« Seine Stimme klingt empört, ich schaue ihn verständnislos an.

»Bei uns in der Familie ist es auch nicht einfach, schwul zu sein!«, betone ich und versuche, von der Situation meiner Eltern zu erzählen, meiner lockeren Mutter, die alles toleriert, meinem strengen Vater, der ständig kritisiert und alles wie im Bilderbuch haben möchte.

Er schaut den Bildschirm an.

»Und wie ist es in deiner Familie?«

Er dreht sich zu mir. Seine Augen sind wässrig.

»Vergiss es«, flüstert er und drückt seine Lippen auf meinen Mund.

Am Sonntag kann er nicht zu mir kommen.

»Auswärtsspiel in Wixhausen«, sagt er am Telefon.

»Ist doch ein Kaff hier in der Nähe!«, rufe ich in den Hörer, »ich kann kommen!«

»Nein! Lass das sein.«

»Ist doch ein Katzensprung, kein Problem, ich habe nichts anderes vor.«

»Nein! Das wäre zu auffällig!«

Ich verstehe das nicht! Hat er keine Lust, mich wiederzusehen? Am Abend darf er dann nicht mehr raus. »Wegen der Schule«, sagt er. Wir sind beide gleich alt, und er macht sicherlich keine Hausaufgaben zuhause. Ist das reine Schikane von seinen Eltern?

Ich lese den ganzen Tag Bücher, die ich in der Stadtteilbibliothek ausgeliehen habe. ›Bonsai‹ von Christine Nöstlinger und ›Rollenspiele‹ von Hans Olsson. Alles dreht sich um das Thema Schwulsein, in denen die männlichen Hauptpersonen – Jungen wie ich – sich selbst näher kennenlernen, ihren Weg suchen und finden. Oft drifte ich in Gedanken an Afyon ab. Er sollte diese Bücher auch lesen. Er braucht sie dringender als ich.

»Romeo und Julia in Kranichstein?« Mein Vater ist begeistert von meinem kreativen Vorhaben. Beim Mittagessen erzähle ich von einem Theaterprojekt für Jugendliche, das die Geschichte von Shakespeare ins heutige Kranichstein holt, das den Jugendlichen – neben der Freude am Theaterspielen – die Vorstellungsgespräche für das Berufsleben erleichtern soll.

»Findet das an der EKS statt?«, fragt er interessiert.

»Nein, an der Comenius-Schule«, antworte ich, »ihr hättet mich lieber in dieser Schule angemeldet«, füge ich geziert dazu.

»Sohn, die Comenius-Schule ist so etwas wie eine Waldorf-Schule!«, meint mein Vater ganz ernst, »also, ich fand schon die EKS fragwürdig und hätte dich lieber auf dem Gymnasium gesehen, aber deine Mutter«, sagt er und schaut sie an, »sie wollte dich ja zuerst dorthin schicken, zu den Freaks«, seine Stimme klingt ironisch, »die EKS war unser Kompromiss!«

Mama grinst, und er erzählt von seinen Mitarbeitern im Institutszentrum, die alle die EKS gelobt hatten, »weil die Schule einen guten Rektor hat!«, ergänzt er.

»Schön, dass du neben der Schule Zeit findest fürs Theater!« Meine Mutter lächelt dabei breit und glücklich.

»Citizen Kane!«, sagt Danny anerkennend, »ich habe gelesen, dass dieser Film ein Meilenstein in der Geschichte des Kinos ist!« Die DVD liegt schon seit Wochen neben dem Fernseher. Danny und ich sehen uns den Schwarz-Weiß-Streifen an, den mir meine Mama schon tausendmal als Kult-Film für Cineasten empfohlen hat. Wir sind beide fasziniert – er erinnert uns an Berlusconi – genial die Bilder, die Schnitte, die Musik.

»Bist du glücklich?«, fragt Danny, als der Film zu Ende ist.

Die Antwort bleibt mir wie ein Kloß im Hals stecken.

»Ich finde es gerade schön!«, sagt er, »der Stecher meiner Mutter ist endlich weg und sie ist entspannter«, seine Miene hellt sich auf, »mit Giovanna läuft es gut!«, er schaut mich an, »Ich habe einen Bruder, schaue coole Filme, die Schule kriege ich auch ohne größeren Schaden hin! Alles bestens! Erzähl du!«, fordert er mich auf.

»Ja, bei mir auch … irgendwie.« Meine Worte fühlen sich traurig an. »Manchmal denke ich, dass es schöner wäre, wenn Afyon ein bisschen mehr wie du wäre«, sage ich ganz leise.

Er scheint mehr von mir zu erwarten. Ich gebe mir einen Ruck und erzähle ihm von meinem ersten Mal.

»So mit allem drum und dran?«, fragt er neugierig und laut.

»Was meinst du denn mit allem Drum und Dran?«

»Na, das eben … Du weißt doch, was ich meine. Soll ich es aussprechen?«, sagt er lachend.

»Nein, nein«, beeile ich mich zu sagen, »wir hatten Spaß! Es war unser erstes Mal und wir haben eben gemacht, was Jungs so machen!«

Bestimmt bin ich ganz rot angelaufen. Es ist mir unerklärlich komisch dabei zumute. Ich kann keine Einzelheiten erzählen, obwohl alle Bilder vor meinen Augen tanzen.

Danny schläft bei mir, ich finde es toll, doch am liebsten hätte ich Afyon an meiner Seite.

Am nächsten Tag rufe ich die Theaterfrau des ›Romeo und Julia Projekts‹ an. Sie ist sehr erfreut, weil gerade einer der wenigen teilnehmenden Jungen ausgefallen ist. Sie nennt mir den nächsten Termin, ich verspreche vorbei zu kommen und renne gutgelaunt zum Sportunterricht.

Es ist die dritte Woche, in der wir Badminton spielen. Bis jetzt war ich der einzige Junge im Kurs, die anderen haben sich natürlich in Fußball, Basketball, Leichtathletik und Schwimmen eingewählt. Doch heute kommt Ismet dazu, der Fußball-Gott. Er ist aus seinem Kurs geflogen, weil er sich ständig mit Mohammed, der nicht Mohammed heißt, angelegt hatte. Er macht die zwei Schulstunden über auf Macker, um den Mädchen zu imponieren, die angenervt von ihm sind.

»Halt endlich dein Maul!«, schreit ihn Dilara an, »nimm dir ein Beispiel an Jonas!«, sagt sie und zeigt auf mich. Ismet schnaubt.

Im Umkleideraum nimmt er seine Sachen und setzt sich ganz dicht neben mich, dabei haben wir die ganze Kabine für uns. Er zieht sich genüsslich neben mir aus, bis auf seinen Slip. Ich versuche immer auszuweichen, rutsche weiter nach rechts, obwohl mir der Anblick natürlich gefällt. Er kommt mir immer wieder näher. Bis er genau vor mir steht, nur in diesem weißen Slip. Ich sehe, dass er einen steifen Schwanz hat.

»Was willst du?«, brülle ich wütend.

»Ich habe gehört, dass du eine Schwuchtel bist!«

»Verpiss dich!«

»Na … willst du ihn blasen?«

Er kommt mir noch näher, sein Schwanz ist in der Höhe meines Gesichtes.

»Na, mach doch. Du bläst doch auch Afyons Schwanz!«

Ich schubse ihn weg, an den Armen – er soll ja nicht sagen können, dass ich ihn an einer intimen Stelle berührt habe.

»Vielleicht bist du ja schwul!« Entschieden und laut ist meine Stimme.

»Afyon sicher nicht!«, schreie ich ihn an, »und ich auch nicht!«

Ich richte meine Fäuste auf – bin zum Kampf bereit. Er lacht mich einfach aus. Er zieht sich genüsslich an, immer mit dem Po in meine Richtung. Er kommt sich sehr toll vor. Ich bin aggro drauf, und bevor er es bemerkt, liege ich schon auf ihm drauf. Gewaltig haue ich meine Fäuste in seinen Körper hinein. Er ringt nach Luft, ich drücke seinen Hals. Er am Boden, ich auf ihm drauf. Sein Blick ist verängstigt, meiner voller Wut. Ich habe ihn besiegt. Das reicht mir für diesen Moment.

»Verschwinde!«, schreie ich ihn an und er sammelt schnell seine Sachen zusammen.

Danny und Fabi am Telefon sind genauso perplex wie ich, über Ismets Reaktion. Schlimm genug, dass ich mich nach Afyon sehne, schlimm genug, dass Ismet mich so scheiße angemacht hat, und dann noch meine Aufregung über das Theater am nächsten Tag – das erste Mal zur Probe – ich liege wach in meinem Bett.

»Du kriegst das bestimmt hin!« Omama kann mich am Telefon beruhigen, »Theater spielen passt wunderbar zu dir«, sagt sie überzeugt.

»Wir machen zuerst eine Aufwärmübung«, sagt Anja, die Leiterin der Theatergruppe, die weite bequeme Hosen trägt, ihre blonden Haare stehen wirr zu Berge, ihr Aussehen scheint ihr egal zu sein. Ich habe noch nie etwas Derartiges gemacht und verstehe den Sinn dahinter nicht. Paula, ein kleines, rotblond gelocktes Mädchen – mit bunten, stylischen

Klamotten – muss mich durch Berührungen führen. Wir strecken unsere Hände jeweils gegen die andere Hand, unsere Finger haben die Aufgabe die Richtung anzugeben, wohin der Geführte laufen muss. Durch die Intensität ihres Fingerdrucks soll ich meine Geschwindigkeit regulieren. Da ich alles nicht so genau verstehe, laufe ich viel zu schnell und bekomme die feine Wahrnehmung nicht mit.

Anja gibt sich Mühe und erklärt mir das Verfahren in aller Ruhe. Ihre Stimme ist sehr angenehm, sie redet leise. Paula führt mich noch einmal. Ich spüre ihren Fingerdruck, bin behutsamer als vorher, gehe langsamer, schreite fast rückwärts. Dann führe ich sie, berühre sie nur sanft und wundere mich, dass sie überhaupt etwas spürt und versteht, was ich gerade von ihr möchte.

Wir machen viele solcher Übungen, bevor wir überhaupt mit dem ›richtigen‹ Schauspielen beginnen. »Das gehört zum Hineinkommen«, sagt Anja mit ihrer samtenen Stimme. Die anderen kennen dieses Vorspiel schon längst, für mich, den Neuling, ist es aufregend und hellt meine Stimmung total auf. Ich fühle mich, als ob ich mich in anderen Dimensionen bewege. Frei und stark und selbstbewusst.

»Bist du neu in der Stadt?« In der Pause zeigt Paula Interesse an mir. Ihre mandelförmigen Augen erforschen mich neugierig. Sie schmunzelt, als ich ihr von meiner Schule und dem K6 erzähle. »Das ist ganz schön ungewöhnlich!«, sagt sie ungläubig.

»Was soll dabei so ungewöhnlich sein?«, wundere ich mich.

»Jonas, du bist der einzige in dieser Gruppe, der sowohl in Kranichstein wohnt als auch auf die EKS geht!«, antwortet sie und schmunzelt wieder.

Ich betrachte die Gruppe – die anderen zwei Jungs und die acht Mädchen sehen so wie meine Mitschüler in Berlin, nicht wie meine auf der EKS. Im ersten Moment war mir das gar nicht aufgefallen – dass ich nämlich ebenso gut in der Theater-AG meiner alten Schule sein könnte. Als ich in Schöneberg war, wusste ich noch gar nicht, wie kreativ ich bin, wie schön ich das Theater spielen finden könnte. Einiges wird mir erst in diesen Moment klar. Die Jungen haben einen ganz anderen Style als Afyon oder Mohammed, der gar nicht so heißt, sind viel leiser als Shad M., reden ganz anders – und sie sind eher blond- und hellbraun- als schwarzhaarig. Genauso die Mädchen. Wieder frage ich mich, wieso ich auf die EKS geschickt wurde, wieso sich meine Mutter nicht mit ihrem

Wunsch, mich auf die Comenius-Schule zu schicken, durchgesetzt hat. Mein spießiger Vater, der Angst hatte, dass meine zukünftigen Arbeitgeber mich für einen Phantasten halten könnten, und nicht einstellen würden, nur weil ich auf einer freien Schule unterrichtet wurde.

Ich muss gleich bei der ersten Szene mitspielen. Natürlich bin ich aufgeregt. Anja gibt mir den Text, erklärt mir die Szene und wie ich mich zu fühlen habe. Ich lese mir den Dialog durch – zweiter Akt, dritte Szene, spielt in der ursprünglichen Fassung in Verona – jetzt in Kranichstein. Ich stelle Lorenzo dar, der Mönch ist. In der Szene, in der wir uns gerade bewegen, sind wir im Kräutergarten einer Schule, denn ich bin jetzt junger Pfarrer ohne Gemeinde und Religions-Lehrer an dieser Schule und kein Ordensbruder mehr. Gerade bewirtschafte ich den Garten und kenne mich mit den Heilpflanzen sehr gut aus. Romeo, der von Julian gespielt wird, kennt mich gut, er ist ein Freund von mir. Er kommt und bittet mich, die heimliche Vermählung mit Julia, die von Paula gespielt wird, vorzunehmen. Ich kritisiere Romeo-Julian, zuerst, weil er Rosalinde-Beate, so schnell vergessen hat. Sie ist seine Ex-Freundin. Ich-Lorenzo, willige dann doch ein, denn Julia und Romeo gehören zwei Familien an, die sich seit langer Zeit streiten, und ich möchte dafür sorgen, dass die beiden Familien sich durch die Liebe ihrer jüngsten Kinder wieder versöhnen können.

Wir stehen zu zweit auf der Bühne. Das ist schwerer, als ich gedacht habe. Anja verbessert mich drei, vier Mal. Mein größtes Problem ist, wie ein ruhiger, besonnener Mensch, ein Pfarrer und vorbildlicher Lehrer gemächlich und vernünftig zu reden. Ich spräche immer zu schnell und zu schnodderig. Das nächste Problem ist, dass ich zunächst nicht moralisch genug sein kann – ich soll ja Romeo dafür schelten, dass er Rosalinde schon vergessen hat. Dann denke ich an den herrischen Ton meines Vaters – und dadurch geht es besser.

Beim vierten Mal kriegen wir die Szene in einem durch, ohne dass einer von uns zweien – Romeo konnte den Text bereits auswendig – stocken muss.

»Ja, genau! Habt ihr anderen das gesehen?« Anja ist begeistert von unserer Leistung, »und ihr zwei, habt ihr es gespürt?« Sie führt ihre Handflächen an ihr Herz, »genauso haben sich Lorenzo und Romeo in diesem Moment gefühlt«, sie schaut uns mit Bewunderung an, »genau so!«, ruft sie in einem glockenhellen Ton durch den Raum und die anderen bejubeln uns mit einem rhythmischen Applaus.

Ich fühle mich glücklich. So glücklich, wie wenn mich Afyon küsst. Ich muss ihm das sobald wie möglich erzählen.

»Theater?«

Er kann meinen Enthusiasmus bei unserem abendlichen Treffen kaum nachvollziehen.

»Was fühlst du, wenn du Tore schießt?« Ich gebe meine Begeisterung nicht auf.

»Bin der King, was sonst?« Er schaut mich irritiert an.

»Genau so habe ich mich auch gefühlt beim Applaus!«

»Jonas, Jonas!« Sein Blick macht sich über mich lustig. »In welcher Welt lebst du denn?«

»Verstehst du das nicht?«

»Fußball ist Fußball!«, sagt er selbstsicher, so als ob jemand ihm erzählen will, dass die Erde eine Scheibe sei, »und Theater«, er nuschelt und schüttelt den Kopf, als hätte ich einen Vogel.

Ich stampfe vor mich hin, er nähert sich mir, ich koche vor Wut, die Wörter bleiben in mir hängen, seine heißen Lippen glühen auf meinen, seine Leidenschaft zwingt mich auf das Bett, seine Atemzüge gleiten über meine Haut wie Südwinde über das Mittelmeer, ich kann nicht widerstehen.

»Afyon«, die Nervenzellen fangen wieder die Gegenwart auf, meine Gedanken kehren zurück, drängen darauf sich zu artikulieren, »du bestimmst immer alles«, sie streiten sich tief in mir drin, welcher den größten Schritt nach draußen wagen wird, »und wenn ich mit dir reden will«, sie kämpfen um ihre Rechte, »wird es noch schlimmer.« Meine Gedanken fügen sich zusammen: »Warum ist das so?«

»Ich kann nicht so reden wie du.«

»Wieso ist das so?«

»Ich weiß nicht.« Er sieht leidend aus. »Bei uns ist das anders!«

»Mit deinen Freunden redest du doch auch.«

»Über Fußball und Zocken!«, sagt er, und ich bilde mir ein, ein großer Ball rollt auf mich zu. »Nicht über solche Dinge … über die du reden willst.« Er hat den Ball mit Wucht getroffen. Ich sehe die Flugbahn vor mir. Tor!

Mein Afyon. Du hast noch nie so viele Sätze zu mir gesagt wie in diesem Moment. Du bist nett, du bist liebenswert, du bist herzlich, genau wie alle Jungs in der Schule. Aber ich kann mit dir nicht so reden, wie ich es mit Danny tue, mit Fabian, oder wie mit den Leuten in der Theatergruppe. Ich weiß nicht, was ich tun soll.

»Träumst du?«, sagt er und zwingt mich, meine Augen zu öffnen.

Es ist eine andere Welt, in die ich blicke.

Trotzdem ist der Abend sehr schön, wie immer, wenn ich ihn berühren darf, ihn küssen, in seiner Nähe bin. Und wie immer fällt mir der Abschied schwer.

Wie lange dieser Abschied sein würde, wusste ich nicht. Es sind einige lang gedehnte Tage, die mich ganz traurig machen, mich deprimieren. Immer, wenn ich nicht in seiner Nähe bin, vermisse ich ihn. Doch nichts von ihm, nirgends. Er beantwortet keine Nachrichten. In der Schule wurde er auch nicht gesehen, nicht einmal beim Fußballtraining war er. Tagelang ist er wie vom Erdboden verschluckt.

Ein blaues Auge! Es ist das einzige, was ich gerade wahrnehme – ein blaues Auge, als er vor meiner Haustür steht.

»Was ist passiert?«

Er humpelt merkwürdig, geht geradeaus in mein Zimmer, zieht seine Jacke aus, ich erkenne Schrammen an anderen Körperteilen, ich nehme ihn reflexhaft in die Arme, doch er schubst mich weg.

»Wegen dir habe ich das alles! Du Schwuchtel! Ich bin nicht so wie du! Ich kann das nicht!«, schreit er mich an, und bevor ich verstehen kann, schlägt er mich ins Gesicht.

Ich falle auf das Bett, die Nase blutet, ich fühle mich, als hätte mich eine Kanonenkugel getroffen, er steht wütend vor mir, mein Held in einem 3D-Actionfilm. Er erkennt seine Tat – auch Protagonisten sind

Menschen mit Schwächen – greift nach Taschentüchern, setzt sich neben mich, möchte mich pflegen, »verdammt!«, nuschelt er, etwas auf Deutsch, etwas auf Türkisch, unbeholfen auf jeden Fall.

»Du kannst mich doch nicht schlagen!«, schreie ich ihn wütend an und schiebe ihn von mir weg.

Das Blut tropft auf mein T-Shirt, und in Afyons dunklen Augen sehe ich Tränen.

»Du kannst mich doch nicht schlagen, Afyon!«, wiederhole ich meine Wut, diesmal nicht ganz so laut – das Kind schluchzt, das Kind bricht mir das Herz, ich werde selbst zum Kind und stimme in das Weinen ein.

»Wer hat dir das angetan?«, frage ich ihn verstört, während meine Hand zögerlich an seinen Schrammen entlangfährt.

Er weint. Der Kopf gebeugt. Das Gesicht versteckt in seinen Händen.

»Mein Vater«, nuschelt er vor sich hin.

»Dein Vater?« Ich wische mir mit einem Taschentuch die Tränen aus dem Gesicht.

»Warum? Was ist passiert?«

Ich ertrage es nicht, ihn leiden zu sehen. Ich beuge mich über ihn, ziehe ihn auf das Bett, er schluchzt, versteckt sich in meinen Armen. Ich streichele ihn, seine Körperwärme durchflutet mein Herz, meine Lippen suchen seine Haut, ich küsse seine Stirn, die geschlossenen Augen, die knochigen Wangen, die atemberaubenden Lippen. Langsam öffnet sich der Mund. Mein Puls rast, seine Brust erholt sich vom Weinen, meine Nase reibt sich an seiner, der Schmerz reißt mich in Stücke, sein Schmerz ist mir wichtiger als meiner. Er braucht meine Aufmerksamkeit, er sucht meine Zuwendung, die Liebe, das Feuer, das Licht. Mein Held glüht vor Leidenschaft in meinen Armen.

»In Kranichstein kommt alles raus«, flüstert er Minuten später.

Ich möchte so viele Fragen stellen, ich brauche so viele Antworten für mich, doch eine Stimme in mir sagt: Es reicht, wenn du ihn einfach streichelst.

»Mein Vater …«, er sucht die richtigen Worte, »jemand hat ihm erzählt, wo ich abends hingehe« – wer kann ›jemand‹ sein? – »ich sagte, dass ich eine Freundin habe, in K6« – oh mein Gott! – »er hat es nicht geglaubt« – warum nicht? – »er glaubt den anderen Leuten, dem Gerede« – warum? – »er hat mich geschlagen« – wieso? – »wir sind Türken« – wir sind doch in

Deutschland – »bestimmte Dinge gibt es nicht, bei uns« – ich könnte ausrasten – »Tradition eben, verdammte Tradition« – ich bin sprachlos – »das ist nicht so einfach« – das ist nicht so einfach, wiederhole ich in Gedanken seinen letzten Satz, ich weine neben ihm.

»... und hör auf dich wegen mir zu schlagen«, fügt er ganz ernst hinzu, als er sich verabschiedet.

Ich schaue ihn verständnislos an.

»Ismet!«, sagt er und mir kommt das Bild im Umkleideraum vor Augen.

»Ich habe mich nicht wegen dir ...«

»Hör auf!«, unterbricht er mich laut, »du machst es nur noch schlimmer!«, sagt er und geht.

Wie soll das weitergehen? In den Büchern, die ich lese, ist Verliebtsein schön, Schmetterlinge im Bauch haben, zwei Jungs, die sich gesucht und gefunden haben, die über alles reden können und ähnlich fühlen. Doch das ist bei Afyon und mir nicht so.

Eines Tages schaffe ich es, ihn dazu zu überreden, mit mir den Unterricht zu schwänzen. Ich möchte ihm unbedingt diese Bank zeigen, auf der ich mit Danny saß. Ich habe die romantische Vorstellung, dass es unsere Bank werden könnte, auf der wir sitzen und miteinander reden können – zumindest versuchen zu reden, Hand in Hand. Auch wenn Afyon nicht so viele Worte finden kann, wir werden uns aneinander schmiegen und vielleicht miteinander träumen.

»Eine Bank?«, mault er mich an, als hätte ich einen großen Fehler begangen, »du bringst mich zu einer blöden Bank? Mitten in Kranichstein? Geht's noch? Hier wo jeder einen sehen kann?«

Wütend zieht er ab.

Erstaunt setze ich mich auf die Bank. Allein.

Ein leichter kühler Wind weht meine Haare ins Gesicht. Im Himmel ziehen dunkle Wolken heran. Ich habe Augen für die Natur. Ich habe Augen, die träumen können. Ich habe Augen, die mit Tränen gefüllt sind. Ich habe ihn lieb. Ich sah ihn in meinen Träumen, bevor ich ihn kennenlernte. Das bedeutet doch etwas!

Andererseits ist es furchtbar anstrengend, nach seinen Regeln spielen zu müssen. Es ist ein ständiges Auf und Ab. Und immer häufiger bleibt er mir fern, ohne etwas zu sagen. Meistens sieht er nicht gut aus. Ich kann neue Schrammen an ihm zählen, Blutergüsse streicheln, manchmal auch nur eine tiefe Traurigkeit erkennen.

Er kann mir nichts sagen. Ich kann mir alles nur vorstellen, und deswegen besuche ich Aris, hoffend auf seinen Rat. Doch er kann mir keinen geben, er weiß nicht mehr als ich, er macht sich nur Vorwürfe, dass er das alles nicht verhindern kann. Er habe Afyon gerne und habe tatsächlich gehofft, dass etwas aus uns beiden werden könne.

»Ich hätte mir denken können, dass das ein Fiasko wird«, sagt er und ärgert sich gewaltig.

»Aber wieso habt ihr, Danny und du, immer mal wieder etwas über Afyon angedeutet?« Ich will es jetzt wissen.

Aris versucht sich zu erinnern und erzählt mir über die Zeit, bevor ich nach Kranichstein kam: Afyon hatte über MSN Ismet gefragt, wann sie sich wieder sehen könnten. Ismet hatte geantwortet, dass er gerade keine Zeit habe. Daraufhin hatte Afyon gesagt, dass er ihn vermisse und es ihm viel bedeute, sich mit ihm zu treffen. Das fand Ismet recht merkwürdig. Er erzählte es anderen Freunden – mit der Konsequenz, dass Afyon plötzlich von allen über MSN gemobbt und als Schwuchtel bezeichnet wurde. Aris bekam es mit, weil ihn Afyon sofort informierte, und versuchte alles, um die Situation zu glätten – zu versichern, dass es ein Missverständnis sei, dass Afyon es rein freundschaftlich gemeint hatte und dass das doch eine schöne Sache sei, seine Gefühle äußern zu können. Und er versuchte durchzusetzen, dass die ganzen Jungen mit diesem Schwulen-Bashen aufhörten und möglichst keiner von ihnen ein weiteres Wort über die Sache verlören. Afyon hatte nun seinen Ruf weg, und alle waren ihm gegenüber misstrauisch. Solange er nur mit Fußball in Verbindung gebracht wurde, war alles in Ordnung – da wurde er respektiert.

»Und dann kamst du, Jonas!«, sagt der Sozialarbeiter zu mir.

Ich schaue ihn erschrocken an.

»Was ... was habe ich damit zu tun? Ich kam doch später.«

»Ich hatte gedacht, dass alles anders werden könnte, weil die Jungs dich wirklich gut leiden konnten, weil ...«, er unterbricht seinen Satz, greift nach der Kaffeetasse, denkt kurz nach, »warum auch immer«, sagt er und trinkt einen Schluck.

»Über mein eventuelles Schwulsein wurde kein Wort verloren?«, frage ich ungläubig nach.

»Zumindest habe ich nichts mitgekriegt!« Er lächelt mich an. »Doch …« Aris ringt nach Wörtern, »als du und Afyon zusammen kamt, begann für ihn das Mobbing wieder.«

»Deswegen war Ismet so drauf …«, füge ich nachdenklich zu.

Aris schüttelt verzweifelt den Kopf.

Jetzt werden mir einige Situationen klarer: die Prügeleien bei der Party, das Erlebnis bei meinem ersten Streifzug durch Kranichstein – hatten sie da Afyon verprügelt? Im Nachhinein denke ich, dass es gut möglich gewesen sein könnte.

»Alda, bist du krank?« Mohammed, der nicht Mohammed heißt, betrachtet mich mit Mitleid.

»Bleib lieber zuhause!«, fügt Shad M. hinzu und schaut mich an, als hätte ich die Pest.

Danny macht sich natürlich die allergrößten Sorgen.

»Schatz, was ist denn los? Seit Tagen siehst du schon so bemitleidenswert aus! Kann ich dir helfen?« Meine Mutter ist ganz aufgeregt am Abend.

»Würdest du mich morgen krankmelden?«

»Ist etwas mit Afyon?«

»Natürlich ist etwas mit Afyon. Es ist immer etwas mit Afyon!«, platze ich heraus.

Sie nimmt mich in den Arm. Setzt sich neben mich.

»Hat er weniger Gefühle für dich?« Ihre Stimme ist ernst, »oder liegt es eher an den Umständen?«

»An den Umständen … wahrscheinlich« Ich kann meine Tränen nicht mehr aufhalten.

»Mein Großer«, sagt sie und streicht mir durch die Haare, »es ist eben nicht überall so wie bei uns zuhause.«

»Das sagt Afyon auch immer«, Tränen kullern aus meinen Augen, »sein Vater ... sein Vater schlägt ihn.«

»Das tut mir Leid! Der arme Junge!«, sagt sie entsetzt, »wie kann ich dir helfen?«

»Niemand kann mir helfen«, flüstere ich mutlos vor mich hin.

Sie küsst mich auf die Stirn.

»Bleib zuhause, schlaf dich aus, mach dir Gedanken darüber, wie es weitergehen soll. Vielleicht ... ich weiß, du bist verliebt, vielleicht ist es einfach nicht das Richtige?«

»Mama!«

»Entschuldige bitte!«, sagt sie empört, »sich attraktiv finden ist nicht alles. Denk an Romeo und Julia.«

»In Kranichstein«, flüstere ich und denke, dass ich in diesem Moment ›Romeo und Julia in Kranichstein‹ leben, nur dass meine Julia eben ein Julio ist.

Wieder taucht Afyon an diesem Abend nicht auf. In der Schule, erfahre ich, war er auch nicht. Auch nicht am nächsten Tag.

»Ich befürchte das Schlimmste!«, sagt ein betrübter Aris.

Ich spüre seine Angst.

»Die haben mich rausgeschmissen ... diese Spinner!«

»Wer?«

»Es hat nur gefehlt, dass sie mich treten und mit Steinen beschmeißen!«

Eine seltene Wut breitet sich in der Stimme des sonst so coolen Sozialarbeiters aus. Ich beobachte seine hilflosen Gesten, als er »echt krass!«, flüstert, mit dem Kopf hin und her wackelt, »selten so viel Gegenwehr erlebt«, ruft er verzweifelt.

»Was ist ... passiert?«

»Sie haben feindselig auf mich reagiert!«

»Wer denn?« Ich sehe ihn immer noch irritiert an.

»Seine Eltern! Diese ...«

»Du warst bei Afyons Eltern?« Mein Herz springt auf.

»Ich wollte doch nur mit ihnen reden.«

»Wann?«

Aris ist in seine Gedanken vertieft.

»Hast du ihn gesehen?«

»Ich müsste es melden!«

»In Gottes Namen! Aris!«, schreie ich durch sein Büro und ergreife seinen Arm. Sein Blick kehrt zu mir zurück. Ich platze vor Neugier, brauche Fakten. »Was ist passiert?«, flehe ich ihn an, mich endlich einzuweihen.

»Die sperren ihn ein!«, sagt er bestürzt.

»Was?« Tausende Stiche durchbohren mein Gehirn, ich ertrage den Schmerz nicht, ich kann die Ungewissheit nicht mehr aushalten. »Wieso?«, fragt mich eine Stimme in mir drin und plötzlich merke ich, dass ich es laut ausgesprochen habe.

»Weil sie Angst haben! ... diese, diese, blöden, kleinen Menschen!«, schreit er mich an.

Was soll ich nur machen? Wie kann ich ihm nur helfen?

»Kannst du ihn da nicht rausholen?«, traue ich mich zu fragen, ohne eine Hoffnung, dass eine Lösung in Sicht ist. Die Stille im Raum vergrößert meine Ausweglosigkeit.

»Eine Inobhutnahme wäre möglich!«, sagt Aris müde, »wenn es Afyon recht wäre. Aber, er möchte es nicht.« – was redet er vor sich hin? – »Ich hatte ihn vor einiger Zeit darauf angesprochen.«

»Was ist eine Inobhutnahme?«, frage ich irritiert.

»Er könnte sich bei der betreffenden Stelle des Jugendamts melden und darum bitten, aus der Familie genommen zu werden.« Aris' Blick glaubt nicht an diese Version. »Ich könnte das allerdings auch veranlassen«, fügt er nachdenklich dazu.

»Wieso tust du es nicht?«, schreie ich triumphierend.

»Nun ja, das ist mit bestimmten Folgen verbunden. Er würde in eine vorläufige Unterbringung kommen und man müsste seinen Aufenthaltsort geheim halten.«

»Geheim?«

»Im Grunde genommen auch vor dir, er dürfte nicht auffindbar sein.«

»Aber wieso soll ich denn nichts davon erfahren dürfen?« Ich bin empört.

»Weil wir dich damit in Gefahr bringen würden!«

Ich bin doch nicht derjenige, der eingesperrt wird – was erzählt er mir?

»Afyon hat Angst, dass du so oder so von seinen Eltern massakriert werden würdest, wenn er plötzlich nicht mehr da ist. Weil sie mit Bestimmtheit davon ausgehen, dass du etwas damit zu tun hast.«

»Was?« Ich schaue ihn verwirrt an. »Hast du mit Afyon geredet?«

»Natürlich, das ist mein Job!«

»Wann denn?«

»Kurz, nachdem ihr euch kennengelernt habt.«

»Afyon hat über mich geredet?« So eine Szene kriege ich nicht in meinen Kopf. »Afyon hat Angst, dass mir was passieren könnte?«

»Jonas!« Aris' Ton unterbricht meinen Gedankenfluss, »Afyon hat lange über seine Familie und seine Gefühle für dich geredet. Glaub mir. Er macht sich Sorgen um dich!«

Gefühle? Reden? Afyon? Er hat doch nur über Fußball reden können. Er konnte gar nicht reden. Mit mir nicht, mit mir nicht.

»Er ist verliebt in dich ... auf seine eigene Art«

Aris' weiche Stimme stürzt mich in ein tiefes Loch. Lippen, die mich küssen, Lippen die schweigen, Lippen die nuscheln – Bilder, die mich umbringen – Lippen die ›Killing me softly‹ singen in mir, Afyon, der eingesperrt in seinem Zimmer liegt – hat er ein eigenes Zimmer?

»In ähnlichen Situationen habe ich andere Jugendliche herausgeholt.« Der Sozialarbeiter reißt mich wieder in die Realität. »Na ja, es war zwei Mal. Und beide Male war es furchtbar. Aber hier scheint es mir am kompliziertesten zu sein – so wie ich die Verhältnisse einschätze. Ich habe das Gefühl, dass ich mich heraushalten muss. Ich meine ...«

»Was? Was meinst du?«, frage ich ungeduldig.

»Na ja, ich meine, dass ich als Schwuler, auch noch als offen bekennender sowieso einen schweren Stand habe«, er zuckt mit den Schultern, ich starre ihn an, »es muss an mir vorbeilaufen.«

»Heilige Scheiße! So eine heilige Scheiße!«

»Du musst mit deiner Mutter reden!« Danny sitzt hilflos neben mir auf seiner Lieblingsbank. »Wochenlang habe ich dich versucht aufzurichten, dich aufzumuntern, ich kann nichts verändern. Es liegt an den äußeren Umständen«, sagt er zu mir.

»Scheiß Umstände!«

»Die können wir nicht ändern, du nicht, Afyon nicht und ich am allerwenigsten. Wenn sogar Aris nichts mehr tun kann!«

Beim Eintreten läuten tausend kleine Glöckchen über meinem Kopf, beruhigen meine blanken Nerven, streicheln sanft meine Seele, verlangsamen meine unruhigen Schritte. Dieser Laden ist irgendwie cool, obwohl ich alles andere als esoterisch drauf bin. Möbel und Wände in Weiß gehalten, überall verstreut sind einladende Sitzmöglichkeiten, leuchtende Vitrinen überziehen die gesamte Fläche. Ein weißer Vorhang trennt den Laden von den ›Privaträumen‹, in denen die Beratung stattfindet. Alles andere ist bunt, die Steine, der Schmuck, die Mineralien. Überall hängen kleine Schildchen mit Produktnamen, Erklärungen und Informationen.

Meine Mutter bedient gerade eine ältere Frau, die anscheinend nicht gut hört. Mama verdreht die Augen, wenn sie mich anblickt. Sie redet langsam und laut zu der Dame, die hundert Fragen stellt, und als Belohnung für die zufriedenstellenden Antworten entleert sie fast ihr gesamtes Portemonnaie. Eine Angelegenheit, die Zeit und Geduld benötigt. Meine Mutter – sie trägt wie immer, wenn sie hier arbeitet, weite, geblümte Kleider, ist die Richtige für diesen Job. Als die Kundin endlich den Laden verlässt, falle ich in ihre Arme.

»Was ist los?«, fragt sie, ich möchte schreien, doch die Glöckchen melden sich plötzlich hinter mir, vermischt mit Barbaras Stimme: »Der gehört wohl zu dir, oder?«

Afyon steht neben ihr! Ich glaube es einfach nicht. Verstört schaut er sich um, verzweifelt blickt er mich an. Ich laufe mit Wucht auf ihn zu, er lässt sich in meine Arme fallen. Ich erkenne ein Veilchen, Kratzer im Gesicht, Aufschürfungen an den Armen, Tränen in den Augen. Ich drücke ihn ganz fest an mich. Fragen überrollen meine Gedanken.

»Was ist passiert? Wer hat das mit dir gemacht?«, ruft empört meine Mutter, zieht Afyon von mir weg und bringt ihn in den Privatraum, während Barbara erzählt, dass er gerade vor dem Laden auf dem Boden gelegen habe in diesen grausamen Zustand, »er fragte mich nach Jonas' Mutter!«, sagt sie – hängt gleichzeitig das ›Geschlossen‹ Schild an die Ladentür – und ruft irritiert: »Wer ist er eigentlich?«

»Mein Freund, Afyon!«, antworte ich hinter dem Vorhang und kann die Augen von ihm nicht abwenden. Er ist wie auf Drogen, unter Schock, zittert und weint.

»Was ist passiert, Afyon?«, meine Mutter setzt ihn auf einen Stuhl, reicht ihm ein Glas Wasser, versucht ihn zu beruhigen, hält seine Hand.

»Dein Freund?« Barbara schaut erstaunt mal ihn und mal mich an, »okay, ihr Lieben, ich will die ganze Geschichte hören«, sagt sie mit ernster Minne und nimmt Platz am Schreibtisch.

Afyon zuckt mit den Schultern, ich bin ganz aufgeregt, er schließt die Augen. Mama und ich reden durcheinander, erzählen Barbara von den ›Umständen‹, das, was ich vor kurzem bei Aris erfahren habe, wir stellen Afyon Fragen, doch er sagt nichts. Er sitzt da und weint.

»So, so«, sagt Barbara nachdenklich, »die Umstände also« und starrt Afyon an. Er scheint verloren in einer fremden Welt zu sein.

»Ich weiß, was wir zu tun haben!«, schreit Barbara aufgeregt.

Mama und ich schauen sie erstaunt an.

»Was?«, flüstert Afyon neben mir.

Ich kann es selbst kaum glauben, dass meine Mutter »Super!« und »Hurra!« gerufen hat, als sie mit ihrer besten Freundin den ›Plan‹ in ihrem Laden organisierte.

»Das ist ja alles wie in einem Film!« Fabian ist am Telefon beeindruckt, spät am gleichen Nachmittag, als er von Barbaras Idee hört.

»So fühle ich mich tatsächlich auch!«

»Ob das klappen wird?«, fragt Fabi und ich muss gestehen, dass ich Angst habe. Angst um Afyons Leben.

»Es ist gefährlich, ich weiß«, flüstere ich ins Telefon und suche verzweifelt nach Wuffi im Zimmer, der irgendwie verschwunden ist.

»Die zwei müssen ja wirklich dran glauben!«, spricht Fabian und mir kommen die Bilder der Begeisterung hoch, wie die Augen der Frauen leuchteten, als sie alle Angaben, Uhrzeiten und Tage auf Papier festhielten, über alle möglichen Auswirkungen nachdachten.

»Endlich können sie die Welt verändern«, sage ich belustigt und gleichzeitig ängstlich, »auch wenn es erst einmal nur ein einziger muslimischer Junge ist.«

»Papa ist nach Barcelona gereist«, sagt meine Mutter verschwörerisch, als ich mit ihr beim Abendessen sitze.

»Gut«, entgegne ich und starre auf Papas leeren Platz.

»Ja, wirklich gut!«

Sie greift nach dem Teller mit dem Tomatensalat, ihr Gesicht ist mir heute fremd, das ist nicht meine Mutter, diese Frau, die da genießerisch neben mir isst, gleicht fast einer Terroristin, die einen Auftrag bekommen hat, wie im Film ›Baader Meinhof Komplex‹, der gerade im Kino in Darmstadt läuft – und in dem, wie meine Mutter sagte, nachdem sie ihn mit meinem Vater angesehen hatte, auch eine kurze Sequenz in unserer neuen Heimat zu sehen ist. Sie könnte eine der engagierten Frauen sein. Nur etwas gewaltfreier.

»Wir retten ihn!«, sagt sie selbstsicher und beißt kräftig in ihr Vollkornbrot hinein.

»Wieso möchtest du das alles tun?«, frage ich laut, »und, uns alle so in Gefahr bringen, Mama?«

»Ich sag dir was, Jonas!« Ihre Augen durchdringen mich wie kalter Regenguss. »Zu Uni-Zeiten haben Barbara und ich noch ganz andere Dinger gedreht!«, sie kramt in ihren Gedanken, lächelt vor sich hin. Ich habe Angst.

»Der erste Verdacht liegt doch bei uns, bei mir.« Meine Stimme zittert – wäre doch Papa hier, wünscht sich eine logische Stimme in mir – sie taucht das Brot in das Olivenöl, »die werden uns alle umbringen, zumindest mich!«, flüstere ich und kann keinen einzigen Bissen runterkriegen.

»Barbara hat mir die Karten gelegt.«

»Mama!«

»Es wird alles gut gehen!«

Sie ist so sicher, so unbegreiflich locker.

»Ich weiß, dass du derjenige bist, der sich die meisten Sorgen von uns allen macht, und ich liebe dich dafür, mein Sohnemann, aber dein Freund muss aus dieser Familie raus!«

Sohnemann? Wie redet sie mit mir?

»Mama …« Ich möchte protestieren, möchte sie anschreien.

»Afyon möchte es«, sie schaut mich an, als wäre sie Ulrike Meinhof, nur nicht ganz so wahnsinnig, »du hast es selbst mitgekriegt!«

»Afyon hat doch immer nur genickt! Afyon kann doch keinen Satz artikulieren!«, schreie ich.

»Jonas!« Sie ist empört. »Wie redest du über deinen Freund?«

»Mama!«

»Ist doch wahr!« Sie legt das Messer auf den Tellerrand. Sie schaut mich an. »Wir haben alles durchgesprochen. Der Plan steht!« Sie ist voll auf ihren ›Auftrag‹ konzentriert, erklärt mir alle Einzelheiten. »Jonas! Es geht um Afyon!« Sie spricht seinen Namen so, als wäre er eine Figur in einem englischen Agentenfilm.

»Papa wird uns fertig machen!«

»Bis der aus Barcelona zurück ist, ist doch alles schon in trockenen Tüchern.«

Das hört sich verrückt an, so verrückt, dass es klappen könnte.

»Wir drehen doch gerade keinen Film oder so etwas, Mama!«

»Ach, Jonas. Barbara und ich machen das. Okay? Wir regeln das gemeinsam mit Onkel Klaus und der Omama – du wirst schon sehen!«

Meine Mama ist wirklich verrückt geworden. Sie hat eine unterdrückte Minderheit gefunden, einen ›kleinen türkischen schwulen Jungen‹ – »da muss etwas getan werden!« hatte sie wie eine Furie im Laden gerufen, das kann sie nicht auf sich sitzen lassen. Das darf es nicht geben, nicht heute, nicht in ihrem Umfeld. Und obwohl ich finde, dass es eine undurchdachte Schnapsidee ist, gebe ich nach, so wie auch Afyon alles abgenickt hat, als meine Mutter und Barbara auf ihn eingeredet haben. Ich bin mir gar nicht sicher, ob er überhaupt verstanden hat, was sie da tun möchten. Sie werden ihn entführen!

Vor 8 Tagen und Nächten ... Krimi

Die letzten wärmenden Sonnenstrahlen des Spätsommers scheinen auf uns, ich sitze im Englischen Garten mit meinen Cousinen Anna und Elisa. Ich fühle mich wohl hier in München, obwohl ich ständig an Afyon denken muss. Mit ihm hier an meiner Seite wäre es schöner. Ich bin aufgeregt und hoffe, dass alles gut geht. ›Er sitzt in Barbaras Auto und wird nach Frankfurt gefahren‹. Gerade eben hat mir meine crazy Mum diese SMS geschrieben.

Meine Cousinen sehen wie typische Großstädterinnen aus. Markenklamotten, gerne bunt, figurbetont, keine allzu weiten Ausschnitte, verrückte Accessoires im achtziger Style, ein riesengroßer pastellfarbener Gürtel, Leggins unter dem langen T-Shirt, was man eben so trägt in dieser Saison. Sie sind cool drauf und locker. Bei meinen letzten Besuchen haben wir uns super verstanden.

Ich muss ihnen vieles erzählen, vom Umzug nach Kranichstein, dem esoterischen Laden meiner Mutter, von Danny und der EKS und von Afyon, der gerade entführt wird. Sie hören mir begeistert zu. Ich stelle mir Verfolgungsjagden vor, wie Barbara und meine crazy Mum im schicken BMW mit quietschenden Reifen vor den Gangsta-Freunden davonfahren, beide mit stylischen Sonnenbrillen auf der Nase, ein bisschen wie Thelma und Louise in dem gleichnamigen Film. Ich stelle mir vor, wie sie jegliche Ampeln und Stoppschilder ignorieren, in Einbahnstraßen verkehrtherum hineinfahren, irgendwelche Fußgänger-Treppen mit ihrem edlen Wagen hinunter rauschen und die Stoßdämpfer ruinieren. Ich sehe sie vor mir, wie sie in ruhigen Nebenstraßen fahren, aus Angst, gesehen zu werden, und meinen Schatz unter Decken verstecken. Ich muss kichern, weil ich an bestimmte Szenen aus Spionage- und Gangster-Filmen, in denen das oft gemacht wird, denken muss; aber dieses Gefühl wird wieder von Angst und Sorge um ihn verdrängt. Was ist, wenn diese Unmenschen sie wirklich verfolgen und Afyon auf dem Weg vom Auto in den Bahnhof stellen und ihn wieder mitnehmen? Welche Vergeltungsmaßnahmen könnte es da geben? Und sähe ich Afyon in diesem Fall jemals wieder?

Obwohl es nicht besonders warm ist, läuft mir das Wasser an den Schläfen herunter, wie in Nächten mit Albträumen. Anna und Elisa fordern mich auf, ihnen alles genau zu erzählen: Unverfängliche Anekdoten aus Kranichstein, wunderliche Jungs, Plattenbauten, der Junge aus meinen Träumen, die Gefühle. Die Tränen kullern, meine Ängste verhaken sich wie Fische an der Angel. Die Mädchen umarmen mich, möchten helfen, drücken mich ganz fest. Es tut gut. Es tut so gut, menschliche Wärme zu spüren.

Mein Mobiltelefon klingelt. »Schatz, es ist alles gut. Keine Verfolger. Afyon geht es gut. Wir setzen ihn jetzt schnell in den Zug. Ich fahre mit ihm. Wir melden uns sofort, wenn wir in Berlin sind.« Mutters Stimme in voller Aktion.

»Warte doch mal, gib ihn mir!«

»Wir müssen weiter. Bis später!« Der Auflegton durchdringt meine Nerven.

Meine Cousinen schauen mich mit großen Augen an. Ich muss alles Wort für Wort erzählen. Elisa fordert uns auf, Eis essen zu gehen, »und dann wollen wir Bilder von ihm sehen!«, sagt sie lächelnd.

»Bilder?« Ich bin immer noch verwirrt – warum war meine Mutter denn so aufgeregt?

»Sicher hast du welche auf deinem Handy!«

»Natürlich«, sage ich spontan, »er ist ja der süßeste Junge der ganzen Welt!«

»Ach, unser Cousin ist ja total verliebt!« Anna knufft mich, »wie süß!«

»Ist das nicht ein bisschen komisch für euch?«

»Was meinst du?« Anna schaut mich auf dem Weg zur Eisdiele irritiert an.

»Na ja, dass ich in einen Jungen verliebt bin.«

»Ach, was, Jonas!«, ruft Elisa und lacht, »wir leben nicht in Kranichstein!«

In der Eisdiele sitzen viele junge Leute, die meisten schwänzen wahrscheinlich den Unterricht, genau wie meine Cousinen, die mit mir kichern und rumalbern.

›Es geht mir gut, ich hab dich lieb‹. Bei der ersten SMS, die ich von Afyon bekomme, schmilzt mein Herz wie das Schokoladeneis im Becher vor mir. Ich schreibe ihm zurück, die Mädchen machen sich lustig, wollen alles genau wissen, ich schwebe auf Wolke sieben.

Beim Telefonat ein paar Stunden später ist er jedoch merkwürdig.

»Ich bin jetzt bei deiner Oma zuhause.«

»Wie findest du sie?«

»Geht schon, geht schon.«

Dankbarkeit äußert sich anders. Er ist nicht der einfachste Mensch auf Erden. Ich möchte nichts von kulturellen Unterschieden erzählen und dem ganzen Scheiß, aber meine Omama ist eine Berlinerin. Sie kann ungehobelte Menschen, die den Mund nicht aufkriegen, nicht ausstehen. Ich ahne Schlimmes.

»Ist alles okay, Omama?«, frage ich sie gleich.

»Nee!« Ihre Antworten – frei Schnauze. Sie ärgert sich bereits jetzt über meinen Freund und ich schäme mich, frage mich, ob das alles eine richtige Entscheidung war. Wieso zweifele ich plötzlich so?

Wir verbringen den Abend mit netten Freunden meiner Cousinen, doch ich halte es kaum noch aus ohne Afyon und Omama, ohne Mama und Fabian. Ich möchte nach Berlin, meine Mutter überredet mich dazu, in München zu bleiben. »Du kennst den Plan!«, sagt sie und ich verstehe sie nicht so recht, weil es doch jetzt egal ist, nachdem Afyon nicht verfolgt wurde und mich ebenfalls keiner verfolgt hat. So war der ›Plan‹: Ich reise nach München zu Onkel Klaus, falls mich jemand aus Afyons Familie verfolgen sollte – nur Danny weiß in Kranichstein, wo ich mich befinde, selbst er weiß über Afyons Entführung nichts – um falsche Spuren zu setzen. Wenn die Situation sich legt, fahre ich nach Berlin. Doch meine Mum meint, »Du hast viel zu wenig Erfahrung, um zu bemerken, ob dir jemand auf den Fersen ist!«, für mich hört sich ihre Stimme wie in einem Kriminalfilm an. Wie soll das alles weitergehen? Ich habe ein merkwürdiges Gefühl.

Als ich Fabian anrufe, wird mein Gefühl nicht besser.

»Wie kann es sein, dass du mit so einem asozialen Typen zusammen bist?«, fragt er mich verärgert.

»Wie bitte!«

»Das ist ein Kanacke, wie er im Buche steht. Der pöbelt rum, steht nur auf Fußball, macht auf Macho-Türke und ist total undankbar! Deine arme Großmutter!«

»Er kann sich nicht so gut artikulieren ...«

»Offensichtlich hast du die rosarote Brille auf!« Fabi ist außer sich. »Der Typ nervt, und zwar gewaltig. Der ist keinen Deut besser als die Schöneberger Typen!«

»Welche Schöneberger Typen?«

»Die Türken, mit denen du bisher noch nie zu tun gehabt hattest. Ich wohne ja neben so einem Zocker-Laden. Du bist immer wie ein feiner, blinder Herr vorbei gelaufen, ohne etwas wahrzunehmen.«

»Was soll das jetzt?«

»Ich bin einfach sauer und enttäuscht!«

»Fabi ...«

»Ich hoffe, dass Danny und Co. netter sind.«

»Wach auf, du Schlafmütze, du hast ein Date!« Am nächsten Morgen weckt mich Elisa, indem sie mir einen weichen Fußball direkt ins Gesicht wirft. Wieso ist sie denn so laut am frühesten Morgen? Liegt es in der Familie meiner Mutter, dass alle so früh so wach und gutgelaunt sind?

»Was für ein Date?«, frage ich irritiert.

»Na, mit Paul.«

»Paul? Wer ist eigentlich Paul?«

»Wie witzig!«, sagt sie, »Paul ist ein Freund von mir. Ein schwuler Freund.«

»Willst du mich verkuppeln? Erinnerst du dich noch an die Geschichte mit Afyon? Der Grund, warum ich hier bin?«

»Ja, lass mich doch mal ausreden. Heute Morgen fiel mir ein, dass Anna und ich einen Freund haben, der schon seit Längerem weiß, dass er schwul ist. Er ist 18, hatte zwei Jahre lang einen Freund, von dem er sich letztens getrennt hat. Er geht oft in die ›Szene‹ aus und kennt eine Menge ›Gleichgesinnter‹. Wir dachten, dass es gut wäre, wenn du mal mit jemandem redest, der schon etwas mehr Erfahrung hat als du, aber trotzdem in deinem Alter ist.«

»Wieso?«, platze ich heraus.

»Ach, Jonas, du hattest bisher keine Beziehung. Afyon auch nicht. Du kennst keine Schwulen in deinem Alter. Du hast Bücher gelesen und hast mit deinem schwulen Sozialarbeiter, der allerdings nicht in deinem Alter ist, über all das geredet. Und mit Heterosexuellen, die sowieso ganz anders fühlen.«

Ich überlege, ob ich sie nun ›neunmalklug‹ oder ›erwachsen‹ finden soll. Doch sie hat Recht, ganz sicher sogar. Und ich habe erneut ein merkwürdiges Gefühl.

»Werde ich alleine mit ihm sein?«, frage ich daher.

»Natürlich! Wieso? Brauchst du einen Anstandswauwau? Hast du dich so wenig unter Kontrolle?«

Sie lacht laut auf. Ich finde das weniger witzig!

»Hast du Schiss, mit ihm alleine zu sein? Solltest du genau so Probleme mit Schwulen haben, obwohl du selbst einer bist?«

Höre ich da nicht richtig? Was unterstellt sie mir denn da? Ich weiß nicht, wie ich reagieren soll. Es ist alles so verrückt. Mein Leben ist kein Kriminalroman, sondern eine Soap. ›Gute Zeiten, schlechte Zeiten‹, oder noch besser ›Verbotene Liebe‹: Sehen Sie in den nächsten paar Monaten die neue verbotene Liebe – ein Großstadtjunge, der sich in einem Kleinstadt-Ghetto in einen türkischen Jungen aus strengem Elternhaus verliebt. Sehen Sie blutrünstige Prügeleien, wilde Streitigkeiten, dramatische Entführungen und den ›Clash of Civiliza-tions‹. Oh mein Gott! Wenn ich es so betrachte, klingt es ganz schön krass! Und ich frage mich, wie ich da hineingeraten bin. Ich habe geträumt von ihm. Ich wollte sein Freund sein. Ich wollte einfach mit ihm zusammen sein. Kuscheln, küssen, mit ihm Sex haben. Und jetzt? Was wird aus uns beiden? Vielleicht ist mir das alles zu viel! Er wurde von meiner Mutter entführt, ist bei meiner Omama. Jetzt gehört er irgendwie zu mir. Möchte ich ihn wirklich haben?

»Was ist mit dir los? Soll ich es absagen?« Elisa schaut mich ungeduldig an.

»Nein, vielleicht ist es ja ganz gut, wenn ich mich mit ihm treffe. Vielleicht ist es ganz gut«, und der letzte Traum tanzt vor meinen Augen herum.

Er sieht ihm ähnlich, sehr ähnlich sogar, aber er bewegt sich anders, hat keine Fußball-Trikots an und ist auch nicht nackt. Er redet auch ganz anders, er redet viel. Obwohl wir im Kino sind und uns einen Film anschauen, erzählt er mir Dinge über den Regisseur, der habe schon fünf Oscars bekommen, es sei sein neuester Film, die Schauspieler haben Rekord-Gagen bekommen, die Tricktechniker seien aus Japan, die Maskenbildner aus China eingeflogen. Dieser Redeschwall hört lange Zeit nicht auf, bis er mir plötzlich in die Augen blickt und verwundert anmerkt, dass ich ja gar nichts sage.. Er küsst mich. Es ist nicht Afyon.

Wir haben uns in einem amerikanischen Café in der Nähe des Stacchus verabredet, dass sogar ich als Ortsfremder gut finden kann. Als ich es betrete, erkenne ich ihn sofort an seinem grünen Polohemd – und falle fast in Ohnmacht: Dieser Junge ist der Junge aus meinem letzten Traum – und wenn ich es mir genau überlege, könnte er auch in allen meinen bisherigen Träumen derjenige welcher gewesen sein – er gleicht Afyon wie ein Zwilling. Die gleiche Frisur, die gleichen langen, wunderschönen Wimpern, die gleichen großen Augen, allerdings sind die von Paul in einem moosigen Grün – identisch mit der Farbe seines Oberteils – während Afyon braunäugig ist. Seine Haut ist etwas blasser, er sieht nicht ganz so orientalisch aus wie mein türkischer Freund. Die gleiche Statur, der gleiche Blick, wenn er mich anlächelt. Das kann doch nicht sein! Verdammt! Das kann doch überhaupt nicht möglich sein! Eine Soap Opera! Und jetzt? Er bemerkt meinen Blick.

»Hey, Jonas, alles klar mit dir? Hast du einen Geist gesehen?«

»Ja, quasi.«

»Ich bin doch kein Geist!«, lacht er auf.

»Nun, wie man es nimmt.«

»Wie meinst du das, Jonas?«

»Du siehst meinem Freund …«

»Zum Verwechseln ähnlich. Ich weiß! Hat mir Elisa schon berichtet. Deswegen wollte ich dich erst nicht treffen. Ich dachte, sie möchte mich auf eine sehr verquere Art und Weise mit dir verkuppeln und dich von deinem Freund entkuppeln … warum auch immer.«

Der ist ja nett. Dem geht es ja genauso wie mir. Ich bin immer noch verwirrt bei seinem Anblick. Er lächelt. Ich lächle.

Paul erzählt so viele Sachen über das ›schwule Leben‹, die ich unglaublich finde, die gar nicht sein können, aber offenbar wahr sind. Von einem Chatforum für Schwule. Einerseits, meint Paul, ist diese Plattform gut für diejenigen, die nicht offen zu ihrer Sexualität stehen können oder dürfen. So können sie andere schwule Jungs oder Männer kennenlernen, mit möglichst wenig Gefahr. Andererseits benutzen die meisten Schwulen das Portal nur als einen Ort, um Sex-Dates auszumachen, nicht mehr und nicht weniger. »Und alle behaupten, dass sie den Mann fürs Leben kennenlernen wollen«, er schmunzelt und sagt, dass am Ende alle nur Sex haben wollen. Er erzählt von Parks, in denen sich Männer treffen, um einfachen, schnellen Sex miteinander zu haben, von so genannten ›Klappen‹, öffentlichen Toiletten, wo man sich trifft, von Saunen nur für Schwule, von ›Dark Rooms‹, die ich mir nicht vorstellen kann und mir auch gar nicht erst vorstellen möchte. Denn in dieser Dunkelheit der Räume verbergen sich Männer, die es miteinander treiben, ohne zu wissen, wer der andere ist, wie der andere aussieht.

Ich schüttle den Kopf, frage ihn mehrmals, ob das alles wahr ist, und ob er da auch schon Erfahrungen gesammelt habe.

»Was glaubst du?«, sagt er neckisch und blinzelt mich an.

»Das alles?«, frage ich ihn total verwirrt.

»Ach, Gott, nein, Jonas, manches davon habe ich mir angeschaut, manches davon auch ausprobiert, teilweise mit meinem Freund, und manches kenne ich nur aus Erzählungen von Kumpels.«

Ich schaue ihn an, neugierig, aber auch irritiert.

»Natürlich willst du wissen, womit ich mich besonders gut auskenne, was?«

Paul lacht herzlich. Hey! Flirtet er mit mir? Ich ertappe mich dabei, dass mir das gefällt. Ja, verdammt, ich möchte, dass er mit mir flirtet. Doch dann bekomme ich ein schlechtes Gewissen.

»Nein, nein, Paul«, sage ich prompt, »ich möchte lieber erfahren, wie es bei dir in der Beziehung gelaufen ist, ob du Tipps für mich und Afyon hast.«

»Tipps? Ich? Sicher nicht. Ich bin sehr enttäuscht worden.«

Und dann erzählt er von den sehr verschiedenen Auffassungen über die Beziehung, die er und sein Freund miteinander hatten, von Liebe, Treue und Sexualität. Dass es nicht selbstverständlich sei, dass man nur Sex mit dem Partner habe, sondern dass viele Schwule Sex als etwas sehen, was primär Spaß mache, Abwechslung bringen solle, und dass mit dieser Abwechslung auch gemeint sei, dass man sich noch einen dritten oder vierten Mann dazu holte oder es auch mal mit anderen Männer ausprobierte.

»Das ist doch ekelhaft!«, rufe ich aus.

»Finde ich auch!«, sagt er und wirkt nun etwas traurig.

Unwillkürlich nehme ich seine Hand und streichle sie. Als ich es merke, ziehe ich sie schnell weg. Paul schaut mich verwirrt an.

»Lass uns gehen, Paul, es waren harte Tage für mich, ich bin müde!«

»Sorry, du hast recht. Es ist wegen Afyon. Ruf ihn an und finde heraus, wie seine Stimmung ist, wenn du Lust hast, sehen wir uns noch einmal, bevor du zu ihm fährst.«

»Danke, würde mich freuen!«

Paul lächelt. Er sieht wirklich sehr gut aus.

Ich telefoniere mit Danny, danach mit Fabian. Später auch mit Afyon. Ich bin aufgewühlt.

»Dein Verschwinden hat sehr viel Staub in Kranichstein aufgewirbelt!«, sagt Danny, und ich fühle mich schlecht ihm gegenüber, weil er nicht die Wahrheit kennt.

»Und Afyon? Hast du ihn gesehen?«

»Habt ihr immer noch keinen Kontakt?«

»Er beantwortet meine SMS nicht!«

»Wie gehabt!«, spricht Danny die bittere Wahrheit aus.

Fabian ist weiterhin genervt und erzählt, dass meine Omama kurz vor dem Ausrasten gewesen sei, als er vorhin vorbeigeschaut habe.

»Sie ist doch eine blöde deutsche Kuh!«, schreit Afyon ins Telefon. Als ich ihn darauf anspreche, legt er auf und schaltet sein Mobiltelefon aus.

Verwirrt liege ich im Bett. Meine Gedanken drehen sich, verknoten sich, entknoten sich aber nicht mehr, machen mich kirre und unruhig, lassen mich keinen Schlaf finden. Afyon-Paul, Paul-Afyon, Kranichstein-Berlin. Was fühle ich? Mein Kopf ist ein Chaos. Mein Leben gleicht einer Karussellfahrt. Auf einem schlingernden Boot bei Unwetter. Mir ist kotzübel, ich habe Angst davor, ins Wasser zu fallen. Afyon-Paul. Sie sehen sich so ähnlich. Omama – wie eine zweite Mutter für mich – und ich hatte gehofft nun auch für Afyon. Sie verstehen sich nicht. Sehnsucht – nach Danny, aber auch nach Kranichstein. Sehnsucht nach Berlin – nach Fabian und Omama. Paul? Scheiße! Ein schlechtes Gewissen plagt mich, wenn ich noch mehr Tage in München bleibe, so wie meine Mutter es geplant hat, verbunden mit der Tatsache, dass ich dann Paul noch einmal sehen würde. Schlechtes Gewissen meiner Omama gegenüber. Fabian ist auch keine Hilfe. Er mag Afyon nicht.

Ich muss eine Entscheidung treffen, schnell, jetzt, sofort, vor dem Frühstück.

Vor 4 Tagen und Nächten
... Real

Meine Mutter ruft mich dauernd an, doch ich gehe nicht dran. Auch nicht, wenn Elisa oder Anna versuchen, mich zu erreichen. Ich bin auf dem Weg nach Berlin – Paul wäre eine Zuflucht gewesen, ein Wegrennen vor den Problemen. Das Problem ist Afyon, das Problem ist, dass er sich alleine fühlt. Er hat doch keinen Bezug zu Omama, und er braucht mich. Er ist alleine in einer riesengroßen Stadt, in der er niemanden kennt. Wenn meine Mutter die Gefahren sieht, hat sie zwar recht, aber von meinen Gefühlen her ist es absoluter Blödsinn, dass Afyon ohne mich in Berlin ist. Ich muss möglichst schnell hin.

Der dämliche ICE ist viel zu langsam für mich. Meine Nerven sind zum Zerreißen gespannt, ich möchte nicht mehr untätig rumsitzen, möchte ihn in meine Arme schließen, sein Lächeln sehen, seine langen Wimpern, ich möchte ihn spüren. Verdammt! Es ist nicht nur die Ungeduld, die mich so nervös macht, ich habe ein schlechtes Gefühl, ohne zu wissen, woher es rührt. Vielleicht die Angst, dass es sich Afyon bereits mit Omama verscherzt hat?

Wir bleiben irgendwo in der Pampa stecken. »Getriebeschaden«, lautet die Durchsage. Ist das der Code für ›Da hat sich jemand vor den Zug geworfen‹? Boah! Ich halte es nicht mehr aus. »Baddäung!« würden die Kranichsteiner sagen. Werde ich dorthin zurückkehren? Es hält mich nicht auf dem Sitz, ich laufe panisch durch den Zug, als hätte ich einen wichtigen Termin, oder müsste jemandem das Leben retten und mir würde die Zeit davonrennen. Wieso ist dieses Gefühl so stark?

Am Bahnhof wartet niemand. Niemand weiß, dass ich heute in Berlin ankomme. Fabian wird um diese Uhrzeit noch in der Schule sein, und Afyon möchte ich überraschen. Sein Mobiltelefon ist ohnehin ausgeschaltet. Schöneberg! Ich falle Omama in die Arme. Sie will es kaum glauben, sie sieht gut aus, nicht gestresst, nicht böse, nicht enttäuscht. Ein Stein fällt mir von Herzen. Sie strahlt.

»Ist Afyon hier?«

Sie schüttelt den Kopf und schaut mich nun traurig an.

»Wo ist er denn?«

Sie zuckt die Schultern. »Er kam am gestrigen Abend nicht zurück von seiner ... Tour«, sagt sie – mein Mobiltelefon klingelt in diesen Moment. »Deine Mutter wohl«, sagt Omama betrübt und fordert mich auf dranzugehen.

»Jonas!«, schreit sie ins Telefon, »warum gehst du nicht dran? Wo bist du?« Meine Mutter ist außer Atem.

»Was machst du uns nur für Sorgen, mein Bub«, höre ich Omamas Stimme mit dem anderen Ohr, während sie hinter mir die Tür schließt.

»Wo ist Afyon, Mama? Weißt du was? Ist er in Kranichstein? Hat die Familie etwas damit zu tun? Wo bist du denn jetzt?«

»Halt, halt, mein Engelchen, erst einmal zu dir. Dein Onkel hat angerufen und mir erzählt, dass du schon weg warst, als sie dich wecken wollten. Wo bist du?«

»Na, in Berlin!«

»Was zum Teufel ...«

»Beruhige dich, Mama, ich bin heil bei Omama angekommen, ich habe es nicht mehr ausgehalten. Und ich dachte, dass Afyon austickt, wenn er länger hier alleine ist. Und irgendetwas ist ja auch passiert.«

»Muss wohl. Aber wir wissen nichts. Ich habe ihn bei Oma gelassen und kam am gleichen Tag nach Darmstadt zurück.« Ihre Stimme wirkt bedrückt, »vielleicht begibst du dich in Gefahr! In München wärst du sicher gewesen.«

»Aber jetzt bin ich hier. Und ich mache mich gleich auf die Suche nach Afyon.«

»Nein«, brüllt sie, »das tust du nicht! Das ist viel zu gefährlich! Ich verbiete es dir!«

»Du kannst mir nichts verbieten. Und schon gar nicht so weit weg von hier.«

»Ich setze mich sofort in den Zug und komme!«

»Nein, das machst du nicht!«

»Du kannst nicht alleine auf die Suche gehen. Was passiert, wenn du ihn findest und seine Familie ist mit dabei? Die bringen dich um.«

»Das tun sie nicht. Außerdem nehme ich Fabian mit. Ich hole ihn gleich von der Schule ab.«

Sie schnauft verächtlich, das höre ich durch das Telefon, ich kenne diese Geräusche. »Ach ja, als wäre der kleine Fabian ein Superman!«

»Du kannst dir deine Ironie sparen.«

»Ich komme nach Berlin!«

»Aber ich …«, doch sie hat schon aufgelegt.

»Nun komm«, ruft Omama aus der Küche, »ich mache dir etwas zu essen, und du erzählst mir alles in Ruhe.«

Berlin und Ruhe! In so einer riesengroßen Stadt – vor allem, wenn man keinen Anhaltspunkt hat – ist man verloren.

Ich erkenne ihn schon von weitem. Ich weiß nicht, wie ich ihn begrüßen soll, schüchtern bleibe ich auf der Stelle stehen und muss unwillkürlich an ›Tsatsiki 2 – Freunde für immer‹ denken, als Tsatsiki, wie der Junge heißt, wieder nach Schweden zurückkehrt zu seinem besten Freund Per. Fabi kommt aus der Schule heraus, schaut auf die Straße, und dann entdeckt er mich. Ist er wegen Afyon böse auf mich? Freut er sich genauso wie ich auf das Wiedersehen? Er rennt auf mich zu, direkt in meine Arme, ich drücke ich ihn ganz fest an mich. Fabian jubelt vor Freude.

»Du dummer Spast!«, sagt er frech, »seit wann bist du in Berlin?« Es überrascht ihn sehr, mich zu sehen. Er stellt mir tausend Fragen. »Du hast dich verändert«, fügt er mit sanfter Stimme hinzu, betrachtet mich näher, während er am Telefon seiner Freundin von meiner Ankunft erzählt und ihr für später absagt.

Ich bin froh, einfach froh, dass er für mich da ist.

»Dann lass uns auf die Suche gehen … nach deinem Türken!«, sagt er und grinst mich an, so als hätte ich einen großen Fehler gemacht.

Wir kennen Schöneberg in- und auswendig, daher fällt uns nicht schwer, die Stellen zu finden, an denen sich Leute aufhalten, die gerne zocken. Fabian hört mir aufmerksam zu, was ich über Afyon erzähle. Nirgends ist er zu sehen. Auch in keinem Café, an keinem öffentlichen Platz, in keinem ›Späti‹ – in Berlin nennt man die Trinkhallen oder Kioske so, was habe ich solche Wörter vermisst! – »dein türkischer Liebhaber ist einfach nirgendwo …«, sagt Fabi ironisch. Das Wort ›Liebhaber‹ spuckt er aus, es ist nichts wert.

»Fabi, hör bitte auf damit!«

»Oh, möchtest du schon mit der Suche aufgeben?«

»Hör auf über Afyon so zu reden!«

»Du und dein Afyon!«, schreit er wütend. »Wo ist er denn? Warum meldet er sich nicht? Findest du sein Verhalten okay?«

Wieso ist Fabian so?

»Er ist noch ein Kind!«

»Ach ja? Und du seine Mutter?«

»Was soll ich machen?«

»Du hast schon viel zu viel gemacht! Wach auf, Jonas!«

Ich verliere den Boden unter meinen Füßen. »Ich muss ihn einfach finden« seufze ich, »wenn er noch hier ist … du hast recht.« Ich fühle seine Sorge um mich.

Fabian erzählt, wie sich Afyon verhalten hat und wie undankbar er gegenüber meiner Großmutter gewesen sei, die alles versucht habe, damit er sich wohlfühlt bei ihr, »und mit mir hat er keinen einzigen Satz sprechen wollen!«, fügt er genervt dazu.

»Er ist ebenso.« Ich ertappe mich dabei, dass ich Afyon immer noch verteidige.

»Aber du bist nicht so!«

»Wie bin ich denn, Fabi?«

»Anders, einfach anders«, sein Blick spiegelt in mir die Wahrheit wieder. »Komm, lass uns weitermachen«, sagt er und zieht mich mit sich.

Ich mache mich auf die Suche und bin mir nicht mehr ganz sicher, wonach. Fabian führt uns durch Schöneberg. Zum ersten Mal fällt mir auf, dass ich mich in einem Schmelztiegel der verschiedenen Kulturen und Ethnien befinde. Es gibt viele Türken, in der Tat, so wie in Kranichstein. Aber es gibt auch sehr viele Schwule! Sogar Herbergen und Hotels für Homosexuelle, genauso Kneipen, Cafés, Restaurants. Ich nehme plötzlich alles wahr. Kranichstein zeigt mir jetzt, dass ich jahrelang ›blind und taub‹ hier gelebt habe! Ich habe in Schöneberg nur die Deutschen gesehen, uns, die wir auf das Gymnasium gegangen sind. Habe nicht einmal die Schwulen wahrgenommen, obwohl sie die ganze Zeit vor unserer Haustür waren. Wieso habe ich das alles nicht gesehen?

Ich telefoniere immer wieder mit Omama. Alle paar Minuten versuche ich Afyon zu erreichen. Nichts! Die Nerven liegen blank. Die Füße weigern sich weiterzulaufen. Schöneberg ist groß. Oder bin ich einfach zu klein?

»Er ist wieder da«, sagt plötzlich Omama am Telefon.
»Weiß er, dass ich ihn suche?«
»Ja, komm jetzt nach Hause.«

»Wo warst du denn?«, schreie ich ihn fast schon an, als ich ihn auf meinem Bett erblicke.

»Mit einem Freund chillen«, sagt er seelenruhig.

»Mit einem Freund? Was für einen Freund?«

Er schweigt mich an und hat etwas sehr Trotziges an sich dabei. Wie ein kleines verwöhntes Kind!

»Und warum schaltest du dein Mobiltelefon aus?«

»Akku war leer ... was willst du denn?«, schreit er mich an.

Was ich will? Hat er sie noch alle? Habe ich das Vertrauen in ihn verloren? Irgendetwas ist faul hier! Das kann ich riechen. Fabian schaut mich genauso an, wie ich mich fühle: wütend und genervt. Er verabschiedet sich, damit ich alleine mit Afyon sein kann.

Mein altes Zimmer sieht immer noch genauso aus wie damals, außer dass überall Klamotten herumliegen. Afyons Klamotten. Das stößt mich plötzlich ab. Es macht mich aggressiv. Er liegt gelangweilt da, ich spüre keine Freude in mir, er spürt keine Freude für mich.

»Wo warst du denn über Nacht?«

Er schweigt.

»Afyon! ... weißt du, was ich alles durchgemacht habe?«

Er schweigt.

»Afyon! ... Sprich mit mir.«

Er schaut mich wehmütig an.

»Habe einen Freund getroffen.«

»Ich habe dich seit gestern versucht zu erreichen ... was für ein Freund?«

Er ist frustriert von meinem Gerede.

»Ich weiß nicht, was du von mir willst, Alda, ich hab alles gemacht, und dann machst du mich trotzdem noch voll an!«, brüllt er mich an.

»Afyon, es tut mir leid, aber findest du es nicht selbst merkwürdig, dass ...«

»Ich hab doch alles mitgemacht!«, unterbricht er mich und steht endlich auf, »ich bin hier!« Er kommt auf mich zu. »Für dich!«, fügt er mit sanfter Stimme hinzu.

Wir liegen uns in den Armen. Er weint. Ich weine. »Es tut mir leid«, flüstere ich und habe ein schlechtes Gewissen. Die Anspannung in mir löst sich. Seine Hände beruhigen mich, seine Lippen suchen mich. Er hat mir gefehlt, seine Berührungen, der Kick. Der Kick, wenn man überall gestreichelt wird, wenn man Lust verspürt, wenn man nur noch dieses angenehme Gefühl hat, mit dem anderen zu verschmelzen.

Er schaltet das Licht aus. Ich bin glücklich und befriedigt in der Dunkelheit unserer ersten gemeinsamen Nacht. Das Bett ist klein, der Platz eng. Umso schöner ist es, ihm nahe zu sein.

Ich weiß zunächst nicht, wo ich bin. Diese Verwirrung steigert sich, als ich feststelle, dass ich im Bett viel Platz habe. Ich stehe auf und wundere mich, dass keine Klamotten mehr herumliegen. Wo ist er? War Afyon schon die ganze Zeit ein Hirngespinst? Und gestern Nacht? Ein Mystery-Thriller? Bin ich in einem Film gefangen?

Omama hat gehört, wie jemand die Tür schloss. Sie schaut mich mit hochgezogenen Augenbrauen an, »Reisende sollte man ziehen lassen«, sagt sie in großmütterlichem Ton. Sie ist verärgert, sonst hätte sie sich nicht hinter einem Sprichwort versteckt.

»Was ist nur los?«

»Dieser Junge ist undankbar, unhöflich, er ist eingebildet und dumm!« es bricht aus ihr heraus wie ein Wasserfall, »er hat etwas zu verbergen, da ist etwas faul! Ich möchte nicht, dass du etwas mit ihm zu tun hast.« Sie ist unheimlich sauer. »Ich verstehe deine Mutter nicht! Wieso hat sie das alles gemacht? Bei dir, ja! Verstehe. Der Junge ist hübsch, er ist verwegen, er hat dir den Kopf verdreht ... Aber deine Mutter! Sie hat sonst so eine gute Intuition.« Sie schimpft über ihre Tochter, die einfach einen muslimischen Jungen in ihrer Wohnung abgeliefert hat und dann verschwunden ist. »Möchte sie jetzt die ganze Welt retten?«, fragt sie, während sie das Frühstück vorbereitet. »Lieber Gott«, sie verdreht die Augen, »damals waren es die Spießer, jetzt sind es schwule Jugendliche anderer Kulturen!«

»Omama! Er ist nicht so schlecht!«, wage ich ihr zu widersprechen.

»Du bist doch nur verliebt!« Sie schaut mich so an, als ab ich nicht alle Tassen im Schrank hätte.

»Er ist schwierig, er kann schlecht kommunizieren, er ist unsicher, ja …«, ich versuche ihn in Schutz zu nehmen, »aber er ist im tiefsten Inneren lieb. Er ist ein guter Mensch!« Ich sage es, aber ich glaube es selbst gar nicht mehr. Wollte er einfach nur fort von zuhause?

»Ein guter Mensch haut nicht einfach ab! Nicht so!«, ruft sie und zeigt zur Eingangstür. »Liebe macht blind«, meint sie, »und deine Mutter ist übergeschnappt«, sie brüht Kaffee auf, ihre Hände zittern vor Wut, »sie wollte endlich mal eine Revoluzzerin sein … einen Jungen vor ›dem Islam‹ retten«, sie schaut mich geradewegs an, »wenigstens eine einzige Seele davon befreien« und imitiert die Stimme ihrer Tochter. »Wenn dein Vater es erfährt!« Sie schüttelt den Kopf.

Ich ertappe mich dabei, wie ich verärgert und genervt von Afyon bin. Ich weiß gar nicht, ob ich hier sein möchte. Omama nimmt mich in die Arme. »Vergiss diesen Jungen«, sagt sie leise.

›Bitte melde dich. Wo bist du?‹ Ich sende eine SMS an Afyon, hole meinen iPod aus der Tasche, höre Musik. Wenn er sich die nächsten drei Stunden nicht meldet, dann ist es aus! Das denke ich mir. Ich werde warten, bis Fabian aus der Schule kommt.

Ich schaue alle paar Minuten auf mein Mobiltelefon.

Es tut sich nichts.

Die Zeit vergeht.

Ich liege im Englischen Garten, Aris ist neben mir, schaut in den Himmel, sagt: »Aller Anfang ist schwer!« Als ich ihn fragen möchte, was er damit meint, merke ich, dass er nicht mehr da ist und von einer anderen Person ersetzt worden ist, von einer meiner Grundschullehrerinnen, die ich damals so streng

fand, die mich aber jetzt herzlich anblickt und zu mir sagt: »Alles wird gut!«
Als ich von ihr wissen möchte, was das zu bedeuten hat, löst auch sie sich auf
und wird durch Elisa vertreten, die wiederum nur eine Floskel vor sich hin
spricht: »Alles bleibt gleich!« Plötzlich schüttet es wie aus Kübeln auf mich,
während ich im Park liege.

Verwirrt wache ich auf, bemerke, dass ich eingenickt bin. Die Fleet Foxes
bringen mich wieder ein bisschen runter, die Musik ist gerade das Richtige
für mich, es ist alles wie ein Traum, auch in ihrer Musik, ›die Welt ist aufregend, alles kommt und geht, wie in der Natur so auch bei den Menschen,
beruhige dich, just relax, mach dich locker, das ist es alles nicht wert. Kein
Drama, keine Aufregung bei mir.‹

Wahrscheinlich hatte ich mich innerlich in den letzten Tagen von ihm
entfernt, obwohl das Umgekehrte der Fall hätte sein müssen. Aber meine
Intuition war eine andere, und meine Gedanken kreisten seit Paul darum,
dass es auch anders sein kann, dass ich mit einem Jungen stundenlang
reden und flirten kann, dass es mehr geben kann als zwischen mir und
Afyon. Und vor allem, dass es kein solcher Kampf ist, sein muss, sein sollte.
Ich liege da und weiß nicht weiter.

Fabian meldet sich. Afyon immer noch nicht.

»Lass uns durch die Straßen zieh'n«, reißt mich Fabi aus meinen trüben
Gedanken. Wir schauen an unseren alten Treffpunkten vorbei und sehen
Freunde. Ich fühle mich daheim, möchte für immer hier bleiben. Doch es
gibt noch Afyon in meinem Leben. Wo ist er nur?

»Wir sind mit Marco und Co. verabredet«, sagt Fabian und bleibt plötzlich
stehen, nimmt mich in den Arm. »Vergiss ihn, Jonas! Okay? Ihr habt nicht
zusammengepasst!« Seine Worte gleiten in mich hinein, als wäre ich ein Fass
ohne Boden: ›Ihr habt nicht zusammengepasst‹. Er erzählt mir von Omama,
die ihn vor kurzem angerufen hat und sich über meinen Zustand besorgt zeigte.

»Mein Zustand?«, wundere ich mich.

»Jonas! Dein Zustand!«, betont er und deutet auf die Gegend, in der mein Herz schlägt. »Sie sagte zu mir ›Mach was, sonst bring ich den Stöpsel gleich umme Ecke!‹« und lächelt mich an.

Ich sitze mit meinen alten Freunden, Marco, Aljoscha, Ben und Justus und wünsche mir, dass Danny und Aris hier wären und ich verspüre den plötzlichen Drang auch Paul wiederzusehen. Bin ich jetzt ein Arsch? Wieso habe ich nicht das gleiche Verlangen nach Afyon?

Meine Mitschüler aus Kranichstein sind gemeinsam mit Frau Wächter, Aris und Herrn Hansen in Berlin. Ich werde eingeladen, ein paar Ausflüge in Berlin mitzumachen, als ›Einheimischer‹ – das habe ich dem Schulsozialarbeiter zu verdanken. Doch wir wollen uns an einem Abend alleine treffen, er, Danny, Fabian, den die beiden endlich kennenlernen sollen, und Afyon, den die anderen Kranichsteiner nicht sehen dürfen. Aris schlägt das Café Berio vor – ein Schwulencafé.

Wir sitzen alle zusammen, erzählen uns von den Geschehnissen der letzten Wochen. Danny beginnt seine Sichtweise der ›Afyon-Geschichte‹, die Gerüchte, die es gab, die Vermutungen, die Verwünschungen gegen mich, die Verspottung von Afyon. Nur wenige hatten zu uns gehalten, die meisten fanden endlich eine Gelegenheit, Bösartigkeiten loszuwerden. Das Bemerkenswerte war jedoch, sagt Danny, dass es ein paar Leute – gerade in meiner Klasse – gab, die mich verteidigten; sie finden zwar Schwulsein doof, sagten jedoch, dass ich in Ordnung sei und machen könne, was ich wolle. Das Gleiche standen sie aber meinem türkischen Freund nicht zu. Das sei schade, meint Danny, und Afyon dreht und windet sich derweil und murmelt vor sich hin: »Idioten, Spasten, Fuck, zum Glück bin ich jetzt hier!« Aris meldet sich zu Wort, merkt an, dass er das ja immer schon sage, es werde mit zweierlei Maß gemessen, diese Macho-Mentalität herrsche noch immer vor – man müsse Jungs nur richtig erziehen, dann würden sie echte Männer und keine Schwuchteln. Fabian brauchte eine Weile, sich an Afyon zu gewöhnen. Doch nun mag er ihn und verzeiht ihm jeden Schwachsinn. Sie haben sich sogar einmal alleine getroffen, um Playstation zu spielen. Seitdem reden sie immer über ihre neuen Rekorde, ich finde es süß. Danach erzählt Aris von den Ärgernissen, die ihm wegen der Afyon-Geschichte passiert sind, wie er verleumdet wurde, wie ihm das Ganze von einigen Leuten angekreidet wurde, er wird wütend, fast unbeherrscht, so kenne ich ihn gar nicht. Doch dann passiert etwas, was mich sehr überrascht: Afyon nimmt Aris in die Arme, knuddelt ihn ganz kurz, gibt ihm einen Kuss auf die Wange und sagt: »Tut mir leid, Alda! Du warst immer für mich da! Und wegen mir hast du so viel Ärger bekommen!« Aris drückt ihn ganz feste und tätschelt ihn am Rücken, wuschelt ihm durch die Haare. »Ist doch ganz egal, mein Großer, alles ist wieder gut. Vor allem kannst du hier jetzt ein ganz anderes Leben führen, und Jonas auch. Ich werde euch immer besuchen kommen, ich bin gerne in Berlin.« »Ja, und wir können MSN chatten«, sagt Afyon und wir müssen alle lachen.

Wie realistisch kann dieser Tagtraum sein?

»Ey, Tschounz, was ist mit dir?«

Ich bin sehr überrascht, vor Schreck fällt mir fast das Mobiltelefon aus der Hand, als Mohammed, der gar nicht Mohammed heißt, sich am nächsten Tag meldet.

»Ey, Tschounz, lebst du noch? Wo bist du? Wann kommst du wieder nach Kranichstein«?

»Hey!« Mir möchte nichts einfallen. »Danke, mir geht's gut. Was läuft bei dir ab?«

»Afyon ist weg, Alda, deswegen rufe ich an.«

»Was?« Was soll ich bloß fragen? Wie soll ich reagieren?

»Seine Eltern haben gesagt, dass sie ihn in die Türkei geschickt haben, für immer!«

»Was?«

»Unglaublich, gell! Dort wird er ein richtiger Mann!«

»Wie meinst du das?«

»Ich mag dich. Ich mag dich wirklich, Tschounz. Wir wollen alle, dass du wiederkommst.«

Ich schweige.

»Du weißt ja, meine Familie und ich wohnen neben ihm …«
Warum ruft er mich an? Was will er mir erzählen?
»Da gab es Riesenstreit, Alda? Bist du noch dran?«
»Ja …«
»Seine Alte hat geweint, sein Vater hat geschrien …«
»Und?«
»Am nächsten Tag haben sie das mit der Türkei erzählt.«
»Scheiße!« Meine Sinne vernebeln sich. Mir wird ganz schlecht. Scheiße, ich Idiot! Ich habe ihm das angetan! Ich bin Schuld daran, verdammt noch mal! Hätte ich ihn doch nur in Ruhe gelassen! Ich bin ein Spast, ein Spast, ein Spast!

»Megascheiße, echt!« Mohammed, der gar nicht Mohammed heißt, bestärkt auch noch mein Gefühl.

Ich kann es wirklich nicht fassen! »Bist du da ganz sicher?«
»Ganz Kranichstein spricht schon darüber, man.«

Das ist so Klischee, das ist so daneben, das ist so unglaublich! Er war doch gestern, nein, vorgestern noch mit mir zusammen in Berlin! Ist er deswegen so früh am Morgen weggegangen? Ohne ein Wort?

»Wenn er jetzt weg ist, kannst du doch zurückkommen, oder?«
»Ich weiß nicht …«
»Ich möchte ein bisschen kicken mit dir … wirst auch noch mal was, ich schwör's!«
»Meinst du das ernst, Alda?«, frage ich ihn.
»Klar.«
»Und dich stört nicht, dass ich schwul bin?« Oh mein Gott! Ich habe mich selbst als schwul bezeichnet! Ob das gut ist?

»Ach was!« Ich kann seine tiefen Atemzüge hören. »Du kannst sein, was du willst. Aber fass mich nicht an … Du kannst schwule Deutsche ficken, aber keinen Marokkaner und keinen Türken. Okay!«

»Aber …«
»Egal jetzt … Ich werde nie mehr mit dir darüber reden. Du bist echt fit und das muss dir jetzt reichen.«

»Und was denkst du über Afyon?«
»Es ist gut, dass er zurück geht. Mir ist egal, was Deutsche machen! Aber Moslems sollen so etwas nicht machen!«

»So etwas?«

»Du weißt, was ich meine. Ist doch egal. Ich leg jetzt auf, Tschounz. Wir sehen uns!«

Wir sehen uns? Weiß ich noch nicht, Mohammed, der du gar nicht Mohammed heißt. Wie heißt du denn eigentlich? Der Anruf verwirrt mich. Und die Lösung, die die Ehre wieder herstellt, erst recht: Er wird in die Türkei geschickt und wahrscheinlich sofort mit einem Mädchen verheiratet, das genauso jung und unreif ist wie er. Der Zorn über Afyons Familie liegt mir im Magen.

Weil ich Deutscher bin, darf ich schwul sein, passt schon, ist halt so, wir werden ja sowieso verweichlicht erzogen, wir sind alle keine Gläubigen, wir dürfen das. Aber lasst ja die rechtgläubigen Muslime in Ruhe, das sind gute Menschen, die machen solche ekelhaften Dinge nicht, und sollen auch nicht dazu verführt werden. Pah! Das darf alles nicht sein. Afyon in die Türkei? Jetzt wird mir schlecht, wirklich schlecht, und trotzdem beginne ich, ihn zu vermissen. Gerade noch dachte ich, Scheiß drauf, das hat doch keinen Sinn, und jetzt möchte ich ihn drücken, kuscheln, küssen, neben ihm einschlafen.

Ich rufe Danny an und er erzählt mir dasselbe.

Es ist also wahr. Und ich habe immer noch ein schlechtes Gewissen ihm gegenüber, weil er noch nicht die ganze Geschichte kennt.

»Siehst du Aris?«

»Der ist schon seit einigen Tage nicht in der Schule! Hat sich krank gemeldet!«

Soll ich mich um ihn sorgen?

»Mensch, Jonas, was ist los mit dir?«

»Es geht schon! Ich brauche etwas Zeit für mich!«

»Was machst du in München?«

Er weiß noch nicht einmal, dass ich mich in Berlin befinde. Ich weiß auch nicht, wie ich ihm am Telefon alles erzählen soll.

»Frag lieber nicht.«

»Als meine Eltern sich trennten, ging es mir nicht so gut.« Seine Stimme ist ernst und melancholisch. »Ich bin zu einem Psychologen gegangen.«

»Danny ...«

»Ist schon in Ordnung! Wenn du in Behandlung bist und nicht darüber reden möchtest ... ist schon okay! Ich weiß, wie das ist.«

»Danke ...« Oh mein Gott?

»Ich will dir nur noch das sagen … Er war es nicht wert!«

»Wer?«

»Afyon! Nicht für dich!«

»Du hattest mich aber am Anfang dazu provoziert!«

»Zu blöd, echt! Ich dachte, ich könnte dir helfen.«

Einige stille Sekunden vergehen.

»Du hast mir geholfen, Danny. Irgendwann werde ich dir alles erzählen können!«

Irgendwann, wenn vielleicht wieder Ruhe einkehrt in meiner Familie. Die Eltern haben Streit. Meine Mutter ist seit gestern wieder in Berlin und mein Vater, der gerade aus Barcelona zurückgekehrt ist, und die ganze verrückte Geschichte gehört hat, ist ausgeflippt. »Mit Recht!«, schimpft Omama.

»Mit welchem Recht?«, schreit Mama.

»Kann ich in Berlin bleiben?«, frage ich dazwischen und beide schauen mich an, als ob ich aus einer anderen Galaxie angekommen bin.

Heute
... Sein

Es gibt keinen Grund, mich zu entführen!«, wage ich beleidigt zu antworten und greife nach dem Glas Cola.

»Ich habe dich nicht entführt und ich habe dir wirklich Wichtiges zu berichten.«

»Da bin ich aber jetzt neugierig!«

»Ich bin der Cousin von Afyon«, erklärt Erol, und ich erinnere mich an meinen ersten Eindruck – mir war ja die Ähnlichkeit gleich aufgefallen. »Ich bin in Kranichstein aufgewachsen und kenne ihn von klein auf. Ich bin 24 und fühlte mich immer etwas verantwortlich für ihn. Warum? Wahrscheinlich weil ich damals schon fühlte, dass wir uns sehr ähnlich sind.«

Was erzählt er mir denn da? Wayne? Wayne interessiert es?

»Nun, es ist so … dass ich, als ich siebzehn war, zwei Jahre vor dem Abitur, in die Türkei geschickt wurde. Das war sehr schlimm für mich. Genauso schlimm war das für Afyon, denn ich war wie sein großer Bruder, vielleicht sogar fast etwas wie ein Vater.«

»Und?« Mein Kopf kann immer noch keinen Zusammenhang erkennen.

»Ich wurde gezwungen von meiner Familie. Sie hatten mich mit einem Jungen erwischt. Mit meinem ersten Freund. Wir waren noch gar nicht lange zusammen, frisch verliebt sozusagen. Und nachdem wir drei Monate von Verdächtigungen und Gerüchten unbehelligt waren, wurden wir zu sorglos. Wir küssten uns gerade auf einer Bank, die an diesem Wall zur Straße hin im K6 steht …«, erzählt er mit einer angenehm warmen Stimme, die nach unserem ersten Wortwechsel zum Vorschein kommt, »du weißt sicher, welchen Ort ich meine.«

»Ja«, sage ich geschockt, »in der Nähe habe ich gewohnt.« Dannys Bank schießt mir durch den Kopf, das Bild vom wütenden Afyon gleich hinterher.

»Ich wurde dort erwischt. Dann in die Türkei geschickt, um wieder normal zu werden!« Beim Wort ›normal‹ benutzt er seine Finger, um Anführungsstriche zu setzen, und David, sein Freund, der auf dem anderen Sofa lümmelt, lacht. Erol erzählt von seinem Leben in der Türkei – von den Familienmitgliedern, die ihn kritisch beäugten, ihn schlugen, wenn sie dachten, er hätte gerade eine schwule Geste gemacht. Was erzählt er mir da? Ich bekomme Mitgefühl mit meinem Entführer. Ist das eine Masche? Meint er das ernst? Dann sehe ich die Tränen in seinen Augen. David hält seine Hand.

»Danke, Schatz!«, sagt Erol zu ihm. Die Szene gefällt mir, sie sehen so vertraut miteinander aus, sie scheinen sich sehr zu lieben. »Es war die Hölle für mich, zwei Jahre lang.« Erols Stimme findet sich wieder. Er berichtet über diese Zeit, die er ohne Freunde, Liebe und Geborgenheit überstand. Von der Militärzeit und der Schikane, die er dort durchmachte. Von der Möglichkeit, anderen Jungs näherzukommen und von seiner Flucht nach Deutschland. »In Berlin angekommen, traf ich David wieder – Zufall oder Schicksal – das war nämlich mein damaliger Freund aus Kranichstein.« Sie schauen sich glücklich an. »Er heiratete mich!«, sagt er und beide präsentieren mir ihre Eheringe. Das rührt mich.

»Und jetzt kommt das wirklich Unglaubliche!«, sagt Erol plötzlich lauter, »vor einigen Wochen traf ich per MSN auf Afyon.« Der dunkelhaarige Erol berichtet von Gesprächen, die er mit Afyon geführt habe. Es war die Zeit, als Afyon und ich uns in Kranichstein kennenlernten. »Er hat über dich erzählt«, dabei schaut Erol mir tief in die Augen und fährt fort mit seiner Darstellung der Familie und der Probleme, die immer wieder auftauchten, als die Eltern erfuhren, dass er, der abtrünnige Cousin, mit Afyon in Kontakt stehe.

»Neulich rief überraschend Afyon bei mir an, und ich erfuhr, dass er sich in Berlin befindet. Er kam zu mir, wir hatten uns so vieles zu erzählen, und er verbrachte die Nacht hier.« Das ist also der ›Freund‹ von dem Afyon sprach. Ich Spast! Ich habe ihm nicht geglaubt! Erol erzählt, dass er über Afyons Zustand erst am nächsten Tag erfahren habe, über Barbara, meine Mutter und meine Großmutter. »Es ist schwierig, mit ihm zu reden, auch auf türkisch«, sagt er, und mir kommen die Bilder hoch, als ich mir Gedanken machte über Afyons Probleme. Ich erfahre endlich die Hintergründe über das Schwulsein bei türkischen Migranten, so wie Erol mir das erzählt, so wie er auch Afyon davon erzählt hat und plötzlich geht mir Afyons Satz wieder durch den Kopf: ›Jonas, Jonas! In welcher Welt lebst du denn eigentlich?‹ Jetzt wird mir alles klarer. Meine Welt ist offener, toleranter, liberaler. Die Welt der Deutschen. Erol benutzt in seinen Erzählungen oft das Wort ›Diskriminierung‹ und ich schätze mich glücklich, dass ich noch nicht mal in Kranichstein dieses Gefühl erlebt habe, nicht an meiner Person – wenn man von Ismets sexueller Belästigung in der Umkleidekabine absieht.

David bringt Schokolade und Chips, während Erol die Fleet Foxes spielt – ich fühle mich ihm gleich sehr verbunden. Ich habe das Gefühl, mit Freunden zusammenzusitzen. Voll krass! Seine Erzählungen über das Leben der Schwulen mit Migrationshintergrund faszinieren und erschrecken mich zugleich.

»Afyon wusste nicht, was er machen soll, er hatte Angst«, verteidigt ihn Erol.

»Ich hatte auch Angst!«, sage ich und erzähle von meinen Erfahrungen. Die beiden Männer hören mir geduldig zu.

»Und wie hättest du reagiert, wenn deine Familie dich als Schwulen nicht anerkannt hätte?«

Diese Frage hatte ich mir noch nie gestellt.

Die Zeit verfliegt, wie immer, wenn man sich wohl fühlt. Wir hören Musik, David und Erol erzählen von ihrer Jugend, ihren ersten Begegnungen, und ich lache viel. Die beiden sind so schön zusammen anzuschauen, wie meine Eltern in den besten Zeiten ihrer Ehe, früher, immer am Turteln, immer am Kabbeln, liebevoll und zärtlich, sich gegenseitig aufziehend und einander gut kennend. Werde ich auch so etwas finden? Mit Afyon ist das alles nicht so, war es nie, wird es wohl nie sein, und jetzt erst recht nicht, jetzt, da er in die Türkei geschickt wird und wohl etwas Ähnliches mitmachen wird wie sein großer Cousin. Wird er auch nach Deutschland flüchten? Wird er dann sein eigenes Leben leben?

»Ich habe Afyon lange befragt, wie es mit dir gelaufen ist«, sagt Erol in einem ernsten Moment. »Er kann nicht gut reden, er kommt aus einem Umfeld, in dem nicht miteinander geredet wird, sondern Dinge von oben nach unten befohlen werden.«

Ich höre zu, doch meine Gedanken sind bei Afyon. Wo wird er jetzt sein? Was wird er fühlen? Erol erzählt über die Liebe, sie kann viele

Probleme kompensieren und vieles vergessen machen – aber nicht, wenn man noch so ungefestigt sei wie Afyon, unsicher und abhängig von seinen Eltern, von seiner Community. »Er bewundert dich!«, sagt er zu mir und ich schaue ihn irritiert an – Afyon bewundert mich? Erol erzählt, was er von Afyon erfahren hat in Form von Andeutungen, sagt »er hat sich in dich verschossen, dich attraktiv gefunden, geil, möchte ich einmal sagen« und bei diesem ›geil‹ müssen wir alle lachen, weil er es so hervorgehoben hat in seiner Erzählung, wieder mit Anführungsstrichen. »Das aber reicht nicht aus für eine Beziehung.«

»Ich weiß …«

Er schaut mich dabei an. Er spricht das aus, was mir die letzten Tage ebenfalls durch den Kopf ging. Und erst recht, seitdem ich Paul kenne.

»Trotzdem, er hätte etwas sagen können, sich verabschieden«, sage ich, immer noch nachdenklich.

»Es gab keinen Grund für ihn, sich zu verabschieden.«

»Wieso?« Was meint er denn jetzt? Warum schweigt er mich an. Warum schaut er mich so komisch an?

»Erol?« Davids Stimme aus der Küche lässt mich zusammenzucken. »Es ist gleich so weit!«

»Ja!«, ruft Erol zurück, steht auf und geht in den Flur hinein.

Ich höre vom Wohnzimmer aus, wie die Eingangstür aufgeschlossen wird, höre zwei Stimmen, die mir bekannt vorkommen und Schritte. Sekunden später steht Afyon im Türrahmen. Und neben ihm Aris. Ich springe auf Afyon zu, drücke ihn ganz fest und wiederhole tausendmal: »Du bist nicht in der Türkei!«

Er lächelt. »Ich bin hier!«, antwortet er und drückt mich fest an sich.

Als ich mich von ihm löse, kommt Aris auf mich zu, ich wundere mich über sein Erscheinen, er zwinkert mir zu, Erol und David stellen sich ihm vor.

»Okay!«, rufe ich laut, »kann jemand mich aufklären?« Ich ziehe Afyon zu mir, er lächelt mich an.

»Du warst sein erster Freund, wenn man das so nennen kann.« Erol steht vor uns, ihm steht die Freude ins Gesicht geschrieben, und er erzählt, was er alles unternommen habe, als Afyon nach Berlin kam und Erol über seine Situation erfuhr. Er habe versucht, seine Familie zu erreichen, ihnen sogar einen Brief geschrieben, in dem er ihnen versuchte alles zu erklären. Er habe eindringlich auf sie eingeredet, dass sie ihren Sohn verlieren würden, wenn sie seine Identität nicht respektierten und es dann kein Zurück mehr gebe. Dass sie die Chance hätten, eine neue Basis für Afyon zu schaffen. Erol habe vorgeschlagen, dass Afyon vorerst bei ihm leben könnte. Sie, die Eltern, dürften gerne allen Leuten erzählen, dass sie ihren Sohn in die Türkei gebracht hätten, dieser jedoch in Wirklichkeit bei seinem Cousin in Berlin bleiben würde. Denn so, meinte Erol, würden Afyons Eltern ihr Gesicht nicht verlieren.

»Und sind sie damit einverstanden?«, frage ich verwundert.

»Jonas, Jonas! In welcher Welt lebst du denn?«, sagt Afyon lächelnd zu mir.

»Sie werden niemals damit einverstanden sein«, fügt Erol dazu, »und sie werden niemals sein Schwulsein akzeptieren.«

»Aber dann?«

»Sie machen zumindest nicht den gleichen Fehler wie meine Eltern!« Erols Stimme klingt froh. »Sie geben ihm die Chance, fern von der Wahrheit sein Leben zu leben.«

»Und du Afyon?« Ich schau seine wunderschönen Wimpern an. »Wirst du fern von deiner Familie leben können?«

Er schaut mich an und schweigt.

»Er wird es.« Erol ist ganz zuversichtlich.

Afyons Hand zieht mich mit. Mein irritierter Blick verfolgt seine Schritte, er führt mich ins Gästezimmer, ich erkenne seine Klamotten, er schließt die Tür hinter mir zu, er nimmt mich fest in die Arme.

»Entschuldigung …«, flüstert er mir ins rechte Ohr.

»Entschuldigung …«, flüstere ich ihm in sein linkes. Und plötzlich spricht er alles aus. Als ob Erol ihm alles diktiert hätte und er es auswendig gelernt hatte, um es mir mitzuteilen. Aber ich weiß ja, dass es seine Gedanken sind, Erol hatte es mir ja lange und breit erklärt. Alles, was ihn gestört, alles, was er an mir geliebt hat.

»Wir passen nicht zusammen«, sagt er so, als ob es einen Zweifel geben könnte an dieser Tatsache.

»Ich freue mich, dass du das auch so siehst« Ich lächele ihn an.

»Korrekt, Alda! Du bist korrekt!«

»Gefällt es dir in Berlin?«

»Sehr! Aris hat mir schon einiges gezeigt.«

»Seit wann wusste er, dass du in Berlin bist?«

»Von Anfang an.«

Ich schaue ihn nachdenklich an.

»Er hat mir schon immer geholfen, er ist der Einzige, dem ich vertrauen kann.« Seine Augen strahlen.

»Bevor ich ihn kennengelernt habe, träumte ich von ihm, mir wurde von ihm erzählt. So dachte ich, dass sei alles ein Zeichen.«

»Das war es vielleicht auch…«, sagt Danny am Telefon, »nur eben ein anderes Zeichen als du dachtest!«

Wir kichern wie Kinder.

»Und deine Eltern?«

»Die kriegen sich wieder ein … In Kranichstein!«

»Schön für dich, und du bei deiner Omama!«

Danny kennt jetzt die gesamte Geschichte, den coolen Plan meiner Mutter, die Gründe und die Ereignisse, die folgten. Das Ende, das – Gott sei Dank – ohne Blutvergießen stattfand. Er wird mich demnächst in Berlin besuchen.

Doch ich habe weder Wuffi bei mir, noch irgendeinen anderen Ersatz für die einsamen Stunden. Das Kind in mir ist ein junger Mann geworden. Ich habe mich sogar schon rasiert. Mit Fabi. Es hat Spaß gemacht. Ich sehne mich nach Küssen und Sex.

Die ganze Nacht habe ich in meinem neuen, alten Zimmer bei Omama wachgelegen. Ich bin so aufgeregt, ich werde wieder in meine alte Schule zurückkehren, zu Fabian und meinen anderen Freunden. Doch wie werden sie mich aufnehmen, wie werde ich sie nach meinen Erfahrungen in Kranichstein finden? Und vor allem: Wie gehen sie mit meinem Schwulsein um?

Wie wird es sein, nun ganz bei Omama zu wohnen, meine Eltern nur noch in den Ferien zu sehen? Sie waren einverstanden, sich darauf einzulassen: selbstverständlich erst nach riesigen Diskussionen und nachdem Omama gesagt hat: »Der Junge geht nur über meine Leiche nach Kranichstein zurück!«

›Hey, mein lieber Morgenmuffel, dein erster Schultag beginnt gleich. Aufstehen!‹

›Danke fürs Wecken, Paul. Freu mich aufs Wochenende!‹

In den letzten Tagen habe ich viel mit ihm telefoniert. Stundenlang geredet. Über die Bücher, die wir gelesen, über die Filme, die wir gesehen, über die Musik, die wir gehört, über die Gedanken, die wir gedacht, über das Essen, das wir genossen haben. Vorher hatte ich nicht gewusst, was man alles mit einem anderen Menschen teilen kann, jetzt weiß ich es. So freue ich mich sehr auf den anstehenden Besuch.

Ich stehe auf einer Bühne, alleine, ein paar Stühle stehen herum, ein kleiner Tisch mit einer Vase darauf, darin ein paar rote Rosen. Vor mir viele leere Reihen, es ist niemand da. Trotzdem höre ich eine Stimme, wie aus dem Off, sie gibt mir Anweisungen.

»Setz dich auf diesen blauen Stuhl!«

»Ja.«

»Stell dich auf den grünen Stuhl!«

»Gut.«

»Singe nun ein Lied.«

Und ich singe ›Wo willst du hin …‹.

»Leg dich auf den Boden.«

Ich tue es.

Dann aber schreie ich laut auf: »Mir reicht es! Ich mache jetzt nichts mehr, was man mir sagt. Ich weigere mich!«

Daraufhin höre ich ein meckerndes Lachen.

»Ja, lach du nur!«, rufe ich ganz laut.

Plötzlich schweben die Stühle davon, der Tisch, die Vase mit den Rosen. Im nächsten Moment steht ein großes Bett in der Mitte der Bühne. Nach wie vor bin ich alleine. Laut rede ich vor mich hin:

»Ich möchte, dass jemand Besonderes darin liegt. Ich möchte mich neben einen ganz tollen Jungen legen, jetzt. Ich möchte ihm sagen, was ich mit ihm machen will, wie unsere Beziehung laufen soll.«

Wieder höre ich ein meckerndes Lachen. Plötzlich wird mir dunkel vor Augen und als ich wieder etwas sehen kann, liegt ein Junge mit dunklen, mittellangen Haaren, einem wunderschönen Gesicht und langen Wimpern in diesem Bett. Es ist Paul. »Möchtest du es?«, frage ich ihn.

»Es kommt darauf an, was du möchtest«, sagt er.

Im nächsten Moment liege ich neben ihm, mit einem Buch in der Hand und sage: »Wir fangen mit dem an, und dann folgen die 499 anderen Bücher auf der Liste.«

»Ja, und immer wenn wir zu müde zum Lesen sind, schauen wir einen meiner 500 Filme auf der Liste an, wollen wir?«, erwidert er.

Und ich sage: »Ich will!«

Berlin! So vieles gibt es hier zu tun, so viele groovige Veranstaltungen, zum Einkaufen total nice, Kultur satt, so viele Möglichkeiten, die ich jetzt wieder wahrnehme, da ich aus Kranichstein weg bin. Endlich wieder zur Museumsinsel gehen, der Weg zu ›Unter den Linden‹ und weiter zum Brandenburger Tor. Endlich wieder Bergmannstraße in Kreuzberg, wo ich so gerne etwas esse oder in kleinen Läden shoppen gehe, genau wie in Friedrichshain in der Wülischstraße und drumherum. Das nehme ich mir für heute vor, alleine, ohne Fabian, der lange Schule hat. Endlich wieder diese Berliner Luft schnuppern, diese besonderen Orte besuchen, mich über das Hiersein freuen, über die Rückkehr.

Und den kleinen Abstecher nach Kranichstein hinter mir lassen. Kann ich das? Kann ich etwas hinter mir lassen, das mir so viel Neues gebracht hat?

Gordon Ambos
Zu nah an die Sonne

ISBN: 978-3-95949-649-0

Juri Funk weiß nicht, wohin mit sich. Er hadert mit seiner Geschlechtsidentität, sein Freund macht mit ihm Schluss und dann zwingt ihn sein Vater, in ein winziges Dorf zu ziehen. Anders als erwartet, findet Juri schnell neue Freunde. Dazu gehört auch Mika, der allerdings mittlerweile in Australien lebt. Im Chat kommen er und Mika sich immer näher.
Für eine Wohltätigkeitsveranstaltung stellt die Clique ein Theaterstück auf die Beine, für das Juri selbst das Skript schreibt. Er erkennt immer mehr Parallelen zwischen dem Stück und seinem Leben. Als dann auch noch Mika in Deutschland auftaucht, wird es immer schwerer, die aufkeimenden Gefühle zurückzuhalten.
Aber steht Mika auf Jungs? Und die viel wichtigere Frage: Ist Juri überhaupt **nur** ein Junge?

»Shortlist Delia Literaturpreis »Junge Liebe« in 2024«

Joe W. Austin
Von Pfoten und Stiefeln

ISBN: 978-3-95949-611-7

Der 16-jährige Max hatte es bislang nicht leicht im Leben. Aufgrund von Konflikten mit den Eltern wohnt er in einer Wohngruppe für Jugendliche und in der Schule ist er ständigem Mobbing ausgesetzt. Doch als er aus einem Gully einen kranken Kater rettet, beginnt sich das Blatt zu wenden. Pixel wird für Max zu einem treuen Freund.

Und dann zieht auch noch Konni in die WG, den Max zunächst eher furchteinflößend findet. Doch schnell wird klar, so gruselig wie er aussieht, ist Konni gar nicht …

Dima Lubimov
Liebe mit gesenktem Blick

ISBN: 978-3-95949-550-9

Wie viel Zweifel verträgt ein Traum von Liebe?
Schüchtern, ohne einen Hauch von Selbstbewusstsein und ewig unentschlossen. Umgeben von Leuten und Meinungen, die ihn verunsichern und seinen Vorstellungen feindlich entgegenstehen. Der achtzehnjährige Dima hat nicht die besten Voraussetzungen auf dem Weg zu seinem Traum: Aufgewachsen in einer konservativ geprägten kasachischen Provinzstadt, wünscht er sich nichts sehnlicher als eine Beziehung mit einem Mann. Doch kann es funktionieren, wenn Zweifel und Ängste unaufhaltsam an ihm nagen? Wenn sein ganzes Umfeld ihm signalisiert, dass er auf einem falschen Weg ist und sich etwas Verbotenes wünscht?
Eine authentische Geschichte von einem Kampf der Gefühle.

Mehr als 180x in
Deutschland
auf bbhotels.com

Love is love,
auch bei uns.

**B&B HOTELS ist offizieller
Partner des Förderkreises
Literatur e.V.**